PSYCHOLOGY

从此知道如何处理你与他人的关系

女人交际心理学

苏曼◎著

古吴轩出版社

中国·苏州

图书在版编目（CIP）数据

女人交际心理学 / 苏曼著. — 苏州：古吴轩出版
社，2017.8（2018.12重印）
ISBN 978-7-5546-0959-0

Ⅰ. ①女… Ⅱ. ①苏… Ⅲ. ①女性－心理交往－通俗
读物 Ⅳ. ①C912.15-49

中国版本图书馆CIP数据核字(2017)第157454号

策　　划：花　火
责任编辑：蒋丽华
见习编辑：顾　熙
装帧设计：润和佳艺

书　　名：**女人交际心理学**
著　　者：苏　曼
出版发行：古吴轩出版社
　　　　　地址：苏州市十梓街458号　　　邮编：215006
　　　　　Http://www.guwuxuancbs.com　E-mail：gwxcbs@126.com
　　　　　电话：0512-65233679　　　　传真：0512-65220750
出 版 人：钱经纬
印　　刷：衡水泰源印刷有限公司
开　　本：710×1000　　1/16
印　　张：15
版　　次：2017年8月第1版
印　　次：2018年12月第2次印刷
书　　号：ISBN 978-7-5546-0959-0
定　　价：39.00元

如有印装质量问题，请与印刷厂联系。0318-5850520

美国著名的人际关系学大师卡耐基曾说过："一个人的成功，15%靠专业知识，85%靠人际关系和处世技巧。"在现代社会，懂得交际已经成为每个女人都要学会的人生课题，只有掌握交际本领，女人才能真正掌握自己的命运。

纵观人的一生，除非我们生活在世外桃源，否则我们都要和他人打交道，拥有自己的交际圈。实际上，良好的人际交往是社会生活的需要，大量的研究和生活实践都已证明，对人们来说，正常的交际和良好的人际关系是心理正常发展和产生生活幸福感的必要前提。

人际关系在很大程度上是由人们的心理倾向性及其相应的行为反映出来的，属于社会心理学的范畴。社会心理学家舒兹认为，每一个个体在人际互动过程中，都有三种基本的需要，即包容的需要、控制的需要和情感的需要。

可以说，每个人都有与他人建立人际关系的需求和愿望，只不过有的人表现得明显，而有的人表现得不明显。从性别的角度出发，女性对于人际关系的需求表现得更为明显。女性情感丰富，渴求与珍惜友谊，在交际中讲究情投意合与心灵深处的共鸣；女人情感不稳定，容易在交际中用感情取代理智；女人天性敏感，在人际交往中容易遭受挫折感，更常表现出渴求交往和自我封闭的双重特征。

你会发现，在我们身边，有的女人能够左右逢源，在人际交往中如鱼得水，受人欢迎；有的女人却举步维艰，在与人交际时紧张羞涩，不知道如何打开交际的大门，在生活和工作中处处受阻。

因此，要想确立自我价值、增强人格魅力，女人必须要建立良好的人际关系。拥有一定的交际能力是女人获得成功的必备条件，而良好的人际关系离不开人际认知、交往中的自我控制、沟通技巧等心理学的知识与实践指导。掌握人际交往中的心理学知识，有利于我们掌控人际交往的主动权，发挥心理优势，进而有效地影响他人。

本书结合心理学方面的相关知识，对人际交往进行了全新梳理，从人际交往的必要性和意义、女性在人际交往中的优势、女性交际中的常用技巧、女性交际中的常见规则和雷区、女性交际中的心理障碍及排除方法等几个方面入手，做了相关的具体分析和讲解。

在女性交际的常用技巧方面，本书又分为外在形象、内在品格、语言技巧、朋友交际、职场交际、异性交际等多个章节，全面详细地分析了女性在人际交往中的方式方法和技巧，力求帮助女性朋友在与形形色色的人打交道的过程中，巧妙运用自己的智慧，了解人心，学会揣摩人心，掌握察言观色的本领，从而获得良好的人际关系，力争在生活和职场中都能拥有好人缘，做魅力四射的智慧女人。

此外，本书结合生活中的常见案例和经典故事，搭配理论知识展开讲解，提供了相关的交际思路和方法建议，并且每章后都附有一个有趣的心理小测试，力求增强读者的阅读兴趣，希望能为女性朋友在社交中认识自我和剖析他人心理提供帮助，从而帮助读者提高人际交往能力，收获幸福人生！

目 录
CONTENTS

第一章

直面交际，会交际的女人更富有

　　很难想象，一个人置身于社会中，如果离开了与他人的交往，他的生活将会怎样。社会中完全不与人交往是不现实的，人际交往是交流信息、获取知识的重要途径，是赢得友谊、满足物质及精神需求的手段，也是认识和完善自我的重要方法。会交际的女人无论在工作还是生活上都能左右逢源，成为被幸运之神眷顾的人，会交际早已成为女人在社会中安身立命的必备能力。

直面无处不在的社会交际

> 每一个人都需要有人和他开诚布公地谈心。一个人尽管可以十分英勇，但他也可能十分孤独。
>
> ——[美]海明威

　　交际，即人与人之间的交往，通常是指两个人或多个人通过语言、动作等方式表达或交流情感、信息、意见的过程，是人们必不可少的社会活动。马克思曾说："人是各种社会关系的总和，每个人都不是孤立存在的，他必定存在于各种社会关系之中，如何理顺这些关系、如何提高生活质量就涉及了社交能力的问题。"

　　在大部分人的印象中，女性相比于男性要更善于交际，但是有科研人员模拟了一个"压力"环境，结果发现男人在压力下展现出了"照顾和帮助"的群体本能，而非简单的"战或逃"，科研人员表示："男人显然表现出了'社交方式'行为。"心理学家雷娜·布兰兹也认为，男性在利用朋友关系网取得职业优势方面占据着上风。

　　事实上，由于女性敏感细腻、腼腆羞涩的性格特征，在社会交际中，女性更容易出现逃避、紧张等行为，严重者还会受到社交恐惧症的困扰。

　　晶晶是个体型较胖、长相一般的女孩，无论是上学还是工作，她不止一次地被别人嘲笑过，大家还给她起外号，叫她"胖子"。慢慢地，晶晶越来越不爱和人说话，她不敢直视别人的目光，总觉得大家会嘲笑她。

一次，晶晶搞砸了公司指派的接待贵宾工作，被公司辞退了。从此，晶晶变得不爱出门了，她整天窝在家里，不愿意出去找工作，不爱和人打交道，她开始沉迷于网络世界，在网络上，她和任何人说话都很流畅，性格也活泼开朗，可一旦回到现实中，她就变得很茫然，不知道自己应该怎样面对人际交往。

社会交际是无法避免的，是无处不在的，像案例中的晶晶那样一味逃避交际显然是不现实的。一生中的大部分时间里，我们都要和其他人待在一起，当我们走上社会后，我们更要学着和各种各样的人物打交道。

据统计资料表明，良好的人际关系可以使一个人的工作成功率和幸福感大幅度提升，在人们获得成功的因素中，人际关系的因素占据 85% 左右，而知识、技术、经验等因素仅占 15%。

所以，了解了社会交际的重要性及不可逃避的特点，女性朋友就要积极地面对社会交际，掌握人际交往的基本规则，提高人际交往能力。一般来说，人际交往能力包括以下几点内容。

1. 表达理解能力

人际交往也称人际沟通。我们要想和他人沟通，就需要通过一定的语言、文字、肢体动作、表情等，将自己想要表达的信息准确地传递给他人。而表达理解能力就意味着我们是否能够准确地表达自己内心的想法，是否能够清楚地了解他人想要表达的内容。通常情况下，一个人的表达理解能力决定了她是否能够很好地适应社会。

2. 人际融合能力

一个人能否被他人认可，能否很好地融入集体，取决于他的人际融合能力。人际融合能力和我们自身的性格有极大的关系，外向的人往往能快速地融入集体，而内向的人则需要较长的时间。此外，人际融合能力还和我们的心理状态密切相关，即便是内向的人，只要真诚友善、主动关心他人等，也能迅速融入集体。

3. 解决问题的能力

作为一个独立自主的人，首先我们要能解决自身问题，能处理突发问题，才能拥有和他人平等交往的能力。有些人受家庭环境的影响，对外界存在着极强的依赖性，在思想上不能做出独立的判断，行为上也需要借助他人的帮助，这样势必难以获得他人的认可和欣赏，从而会阻碍自身的人际关系的发展。

如果仔细观察会发现，我们通常情况下都是具备这些人际交往能力的，人际交往也并没有我们想象中那么难，但是人际交往是一种人与人之间的互动，思想控制行为，良好的人际互动需要有积极向上的心态，而非刻意为之、消极对待。所以女性朋友最重要的是要拥有积极的心态，要敢于直面交际，主动和他人交往。

当我们在人际交往能力上确实有所欠缺时，也不必陷入自卑、郁闷的负面情绪中，而要有意识地认识自己，从自身的形象、心理、性格、能力等方面着手，努力提升自己。所谓的"江山易改，本性难移"并不被多数的心理学家赞同，反之，他们认为只要能找出阻碍自己人际交往能力的因素，便可以找出相应的方法来克服。

本书后面的章节具体从外在形象、内在品格、语言表达等各方面出发，结合心理学的相关知识，对社会交际方面的技巧和相关问题做出了描述，供女性朋友参考。

总之，社会交际无处不在，我们要直面人际交往。通过良好的人际关系，我们可以和他人交换信息，学习经验；可以获得他人的认可、欣赏，满足自我心理需求；可以全面地认识自己、完善自己，由内而外散发出自信、迷人的魅力，从而成为名副其实的魅力女人。

🍷 交际思语 🍷

人际关系是有可能会改变人一生的命运的，与人交际也是人类基本的社会需求，所以不要刻意回避。要相信，拥有了良好的人际关系，我们就有可能成为最后的人生赢家！

你的交际圈需要有哪些人

交朋友要交有义气的人，正如聪明的医师治病前必须切脉考察病根，交朋友也必须考察对方的品德，否则是危险的。

——［阿拉伯］伊本·穆加发

经营交际圈是一种生活方式，是一种人生智慧，也是一种思想境界。"六度人脉理论"认为，你和任何一个陌生人之间所间隔的人数不会超过六个，即只需要通过六个中间人，我们就能和世界上的任何一个人建立联系。也就是说，我们所拥有的联系人，其数量要远远超过我们的想象，如果我们能把这些联系人充分利用起来，那么我们将能建立一个庞大的交际圈。

"作为女人，根本不需要认识太多人""女人的交际圈狭窄不会影响未来发展"，这样的说法是不是听着很熟悉？虽然如今很多领域的精英仍以男性为主，但是不代表只有男性才能有交际圈。不断扩大交际，有意识地组建自己的交际圈，有利于女性拥有良好的人际关系，发现和抓住难得的发展机遇，实现事业的成功和人生的美满。

毕业一年了，李冉每天下班都会去健身房跑步一个小时，跑到大汗淋漓。回家，她还要打开电脑自学英语。

朋友很纳闷，离开校园一年了，为什么又心血来潮学英语？在学校的时候，她英语底子就很弱，碰见外国人就直接闪人。

原来，跟她很要好的一位同事约她明年一同去东南亚旅行，两个人的英语都过不了关，于是就约定一起学英语。

跑步更不用提，上学的时候，她在操场上跑两圈就已经气喘吁吁跑不动了。但如今再看她，已经是一位窈窕淑女了，并且，还练出了令人艳羡的马甲线。

原来健身房里有位五十多岁的阿姨，每天都去练瑜伽，风雨不误。李冉跟她很聊得来，也钦佩阿姨的这种精神，每天都会相约在健身房里一起运动。

李冉深有感触地说："当你看见身边的人努力，你也就不好意思松懈，但如果周围是一群懒惰的人，那么你很难成为一个上进的异类。交什么样的朋友，从某种程度上就能投射出你是一个什么样的人。"

回顾一下你现有的联系人，其中可能有父母、亲戚、同学、同事等，但是我们会发现，对于交际圈中具体需要的人际关系，我们的分类通常很模糊。所以，要想有意识地建立自己的交际圈，我们就要先了解自己的交际圈中需要有哪些人。

首先，是亲密关系群体，包括父母、兄弟姐妹、伴侣等我们每天都会联系的人，对于这些人，我们不需要刻意地联系和维护，但他们始终会是我们交际圈中的核心力量。在我们开心或者难过的时候，在我们遇到重大挫折和重大事件的时候，他们会是我们生命中的第一见证人。

其次，我们的交际圈中需要有志同道合的朋友，他们能够倾听、理解我们，在必要的时候为我们提供助力，在我们迷茫的时候为我们提供建议。他们在很大程度上能满足我们被认同、被欣赏的心理，同时又不会过多地涉及利益关系。需要注意的是，和他们交际时，我们要同样地付出真心，同时注意与异性朋友保持适当的距离，避免引起误会。

最后，我们还需要在交际圈中加入能为我们提供帮助的共同利益群体，如同学、同事及曾经共事的同事、成功人士、业务朋友、专业人士等，他们是我们需要重点维护的关系，在和他们交际时，要注意建立共同利益，保持长久的联系，努力建立稳定的关系。

生活中我们离不开他人的帮助，面对同样的问题，在交际圈很小的情况下，解决起来就要困难得多。主动和人交际最坏的情况就是没有任何改变，但情况好的话，他人会将你介绍给他的联系人，进而拓宽你的交际圈。

此外，拓展交际圈时不要局限于地域和行业的限制，比如可以多认识不同地域的朋友，多认识其他行业领域的人。这样，当你在异地需要帮助或寻求跨行业帮助时，都可以获得有效的支持。

在了解了交际圈中需要哪些人际关系后，我们就要着手建立属于自己的交际圈。你可以画一张草图，将上述各种关系中现在保持联系的人罗列出来，然后再将可能进入你交际圈的人加上去，如手机通讯录上的、QQ或微信等社交软件上的、人人网或微博等社交网站上的联系人等，按类划分好，并尝试和他们再度联系，持续维护。

女性朋友建立并扩大自己的交际圈时，不必预先揣测谁会对自己更有帮助，他们会怎样为自己提供帮助，他们能帮助自己什么等，而要用积极储备的思路去对待人际关系的建设和积累，就像每个人都对你很有帮助一样。

🍷 交际思语 🍷

俗话说："创业易，守业难。"凭借一时冲动认识朋友并非难事，但如果半途而废，不能建立长久的联系，最终也只能前功尽弃。所以，女性朋友在建立和扩大自己的交际圈时，要注意持之以恒，给他人留下真诚可靠的印象。

女人要学会在交际中完善自己

> 我喜欢青年人身上有某些老年人的优点，我也喜欢老年人身上有某些青年人的优点。
>
> ——［古罗马］西塞罗

孔子曾说过："独学而无友，则孤陋而寡闻。"通过人际交往，我们不但能获取知识，学习经验，充实自我，还能从他人的言行举止中认识对方，了解自己，进而完善自我。

美国著名心理学家罗杰斯曾提出，每个人都有两个自我，即现实自我与理想自我。现实自我是指我们在现实生活中的真实表现，而理想自我则是我们认为"应当是"或"必须是"的理想状态，只有当现实自我和理想自我完全重合的时候，人们才会真正感受到自我实现。

要想完善自己，实现理想自我，就要先正确认识自己、认识他人。每个人都来自不同的家庭，拥有不同的成长经历，每个人的性格、能力、知识、特点等都各不相同，有着属于自己的优点和缺点，通过交往，我们可以从他人身上感受到差异，然后"择其善者而从之，其不善者而改之"，逐渐完善自我。

德国青年卜劳恩又一次失业了，由于找工作四处碰壁，他只能借酒浇愁。

有一天，卜劳恩醉醺醺地回到家，瞥见妻子正领着三岁的儿子在门口玩耍，于是嘟囔道："没一点正经事的家伙！"说完便进屋呼呼大睡去了。

一觉醒来已经是第二天的上午，卜劳恩习惯性地拿起笔，补写昨天的日记：5月6日，真是个倒霉的日子，工作没着落不说，钱还花光了，往后该怎样过？

当他打算出门再去赊账喝酒时，无意间看见了妻子替儿子写的日记，于是忍不住打开来看看：

5月6日，爸爸谈生意回来喝多了，他肯定很辛苦。爸爸是个负责任的人，坚信不久后，生活会越来越好！

怎样会这样？卜劳恩想，自己明明是因失意而醉酒，怎么变成了为工作而操劳？

好奇之下，卜劳恩继续翻看起了前面的日记：5月1日，山姆大叔的小提琴越拉越好，令人沉醉。如果我长大了能够请他教我拉琴，那就太美妙了！

卜劳恩一惊，翻开了自己的日记本：5月1日，该死的山姆，又在拉他那把破提琴，我真恨不得冲过去砸了它。

……

卜劳恩跌坐在椅子上，半晌无语，他开始反思自己，为什么自己如此悲观厌世、烦躁不安？难道作为一个男人，自己对生活的承受能力还不如妻子吗？

从此，卜劳恩尝试着改变自己，他开始变得积极开朗起来，再翻看自己的日记，里面的内容也完全变了：5月7日，今天又找了一天的工作，虽然还是没有一家公司愿意聘用我，但我从应聘的过程中学到不少东西。只要吸取教训，总结经验，我想，明天一定能找到一份满意的工作！

5月8日，今天我终于找到工作了，虽然是一份钳工的工作。但是我想，我一定能成为世界上最出色的钳工。

此后，他白天做钳工，晚上挤出时间坚持画漫画，后来在《柏林画报》上发表了以自己和儿子的故事为原型的连环画《父与子》。他，就是德国著名漫画家埃·奥·卜劳恩。

人际交往是我们认识自我、完善自我的重要手段，卜劳恩正是通过妻子意识到了自己悲观、焦躁的缺点，积极改正，才在完善自我的路上又前进了一步，最后终于成就了自我。

美国心理学家库利曾经提出过"镜中我理论"，他认为，我们的行为很大程度上取决于对自我的认识，而这种认识主要是通过与他人的社会互动形成的。他人对我们的评价、态度等，是反映我们自身的一面"镜子"，通过这面"镜子"，我们能认识和把握自己，此外，我们还能通过观察别人对自己的行为形成自我概念，并加以完善。

唐太宗李世民也说过"以人为镜，可以明得失"。当我们被某个人吸引住，认为对方是一个不错的人时，不妨思考一下别人身上的闪光点，并加以学习；当我们在努力学习他人的过程中发现其有不当行为的时候，则绝不可以效仿，同时反思自己是否具有这种行为，并加以改正。

需要注意的是，即使是学习他人身上的闪光点，女性朋友也不可以完全抛弃自我。前面说过，每个人都有自己的性格、能力、知识、特点等，如果将他人身上的优点完全照搬过来，就会将自己变成别人的复制品。

🍷 交际思语 🍷

在日常生活中，我们要多和精英来往，如果能拥有经常和杰出人士交往的机会，而自己又有心的话，必定能有很大收获。

内向的女人如何收获友情

不论是多情的诗句、漂亮的文章，还是闲暇的欢乐，什么都不能代替无比亲密的友情。

——［俄］普希金

　　内向的人通常有着强烈的自我意识，他们比较关注自己的内心。让他们去参加大型的聚会或者在陌生人面前说笑可能是一件困难的事，相反，他们更愿意在内心深处完成对他人的观察、思考，完成对情绪的处理，而不是通过语言、表情传达出来。

　　有人说，性格决定命运，但是一个人是内向还是外向并没有我们想象中那么固定，很多人或多或少有着双重性格的倾向，会在不同的时间、场合表现出不同的性格。比如说，一个人在面对陌生人时会表现得非常拘束、羞涩，但面对家人或熟悉的朋友时，他又会滔滔不绝、有说有笑。但总的来说，我们会用占主导位置的性格特征判定一个人是内向还是外向。

　　当我们感到情绪低落的时候，我们会希望有个人能让自己振作起来；当我们对某种东西产生兴趣时，我们希望身边能有人和自己一起分享；当我们在生活或工作中遇到困难时，我们期盼能有人帮自己一把。毫无疑问，每个人都需要朋友，朋友是人际关系中十分重要的交际对象，那么有的人会问：不善交际、敏感内向的女人该如何收获友情呢？

　　小羽是一个内向的女孩，她从小就是家长眼中的乖孩子，经常宅在家里，不爱和别人一起出去玩。工作后她也是按时上下班，公司和家里两点一线。由于性格内向、不善交际，小羽和同事之间也不怎么说话，看着别人都聊得热火朝天，小羽感到既不安又羡慕。

　　小羽也有几个要好的朋友，但大家都不在一个城市，小羽虽然能跟朋友聊聊心事，谈谈近况，但毕竟不常见面，小羽很想结识真正的朋友，和身边的人融洽相处，但内向的性格又改变不了，她陷入了迷茫和悲观的情绪之中。

　　像小羽这样内向的女孩其实很有社交的天赋。内向的性格并非大家想象中那样一无是处，只要女性朋友善于发挥优势，取长补短，同样能在人际交往中收获真挚的友情。

　　首先，内向型的人非常善于倾听。有研究数据表明，在一段交谈中，表现出更多倾听的人会让人觉得此人非常善于沟通，因为内向型的人能让对方说得更多，让对方获得更多的满足感和认同感，进而会对你产生好印象。关于具体通过倾听打动他人的交际技巧，可参见本书第八章中的内容。

　　其次，内向型的人心思细腻，待人体贴周到。仔细观察我们会发现，内向型的人并不是没朋友，他们通常都有一两个关系要好的知心朋友，内向型的人能运用同理心体贴和关心别人，懂得赞赏别人，还能记住别人身上细微的事情，这些都是内向型的人所具备的优秀品质。只不过内向的人通常比较慢热，不愿意主动接触陌生人，熟悉一个人的时间也比较长，所以他们看上去获取友情就要花费一些工夫。

　　认清自身所具备的优势后，内向的女性朋友要甩掉盲目的悲观、失落，发挥自身的优势，同时巧妙借助一些社交技巧，突破交际的障碍。

　　1. 在线社交

　　现在是网络化时代，在线社交早已成了我们与他人建立并维持联系的一种重要方式。对于内向型的人来说，在线社交几乎是一个完美的方式，不必面对面地交流，有时间和空间调整自己的情绪和措辞，能消除面对陌生人的紧张和尴尬，等等。

因此，内向型的人想要和他人建立友情，可以先从在线社交开始，打个招呼，介绍一下自己，等彼此逐渐了解后，再进行面对面的交流，这样就能给性格内向的人留出一个适应的空间。

2. 制定时间限制

人们的恐惧通常来自对事情的不可预知、不可掌控，很多性格内向的人之所以不愿意参加社交性质的聚会、交流，是因为他们不知道这个过程要持续多久，从而在心理上放大了社交的困难程度。

对于这种情况，女性朋友不妨在每次参与社交活动前给自己设定一个时间长度，比如"我只和她聊五分钟""我只去参加一个小时的活动"，将需要积攒的能量进行量化后，我们发现交际会变得相对简单了许多，自己也会慢慢变得适应这些社交活动。

3. 适当地奖励自己

根据自身的情况做出目标规划，并在目标达成时奖励自己，这有助于内向型的人重振精力。所以，当我们多认识了一个人时，当我们和他人分享了各自的经历时，当我们收获了友情时……每前进一小步，女性朋友都要记得奖励自己，哪怕这种奖励只是给自己买点零食或者出去散散步。

🍷 交际思语 🍷

虽然我们鼓励内向型的女性朋友使用在线社交的方式，但是女性朋友千万不可沉迷网络。要知道，面对面的交流仍然是主要的社交方式，在线社交只不过是它的补充和支持。

【测一测】从闹钟位置测你的人际关系

明天要早起上班，你担心自己不能按时起床，只好调好闹钟提醒自己，你会选择把闹钟放在什么地方？

A. 一伸手就可以关到的地方

B. 放在耳边，吵醒自己

C. 尽可能离得远一些

测试结果：

选 A

虽然你看起来非常独立要强，而且凡事也表现出非常潇洒的模样，但实际上你是非常在意他人的看法的。尽管你不会完全按照别人的意见去做事情，但你会尽量征询别人的意见。这样做不但能获得有用的建议，还给了别人面子，何乐而不为呢？

选 B

你总是那么人见人爱！非要将闹钟放在耳畔，才能觉得自己应该可以按时起床，才能安心入睡。你可以说具有十分依赖他人的特质，也由于此特质，你会拥有平易近人的性格，具有协调能力的你很容易就能融入团体中。

选 C

你在团体中一般能够自然发挥出过人的领导能力，但是你也要小心，不要表现得太过嚣张，以免成为众矢之的。你平时做事果断，凡事不喜欢依赖别人，拥有鲜明的个性。据统计显示，将闹钟放得越远越不易让人亲近。

第二章

善用女人的优势，趋利避害

她们外貌美丽、仪态优雅，她们天生感情细腻、温柔，她们表达观点温和、委婉，她们处理事情细心、周到……在社交场上，女人总是能轻易获得别人的好感和信任，作为女性，应该立足于自身优势，掌握社交的艺术，自由、快乐地驰骋于社会大舞台上。

"美丽"可以敲开紧闭的心门

> 如果漂亮的脸蛋是份推荐书的话,那么圣洁的心灵就是张信用卡。
>
> ——〔英〕布尔沃·利顿

一个女人,她将身上的女性美展现得越完善、越充分,她就越具有魅力,在社交中也就越具有优势。所谓魅力,是指人身上所具有的吸引他人的特点。女性的魅力有着最基本的两种划分:一种是外在的形象美,一种是内在的心灵美。

在形体方面,女性身材的优美曲线、乌黑的长发、出众的外表等,都是她们富有魅力的表现。在性格方面,女性的特点是善良,待人接物温柔体贴、细致入微,富有同情心等,这些都是女性特有的魅力,也是女性在社会交际中的优势。

有人曾经做过这样一个研究,他们向受试者展示了一些女性的照片,照片事先已经按照外貌被分为有魅力、一般魅力和无魅力三类,要求受试者浏览照片后对这些女性的品性和能力进行评定,评定结果表明,长得漂亮的女人除了在胜任母亲角色的能力一项评价较低外,在其余的品格、婚姻能力、职业地位等方面都受到了极高的评价。

在社会交际中,我们发现美丽的女人往往会被认为人格更高尚、更有能力、更有可能结婚,甚至在犯同样的错误后,漂亮的女人往往也会更容易得到人们的原谅。其实，这是由于美貌而产生的"光环效应"。

外貌是一个人可见特征中的首要特征，往往能决定人们是否与之进行深入的交往。在舞会上，人们常常会邀请年轻漂亮的那位姑娘跳舞，在商店购物时，人们也常会选择相貌出众的那个售货员帮自己提供购物服务，这说明外貌的吸引力对人们做出决定的影响是比较大的。

认识到女性的外貌在社交中占据的重要位置，我们要学会修饰自己的外貌并妥善地加以利用。如通过华丽、明快的服装表现自己开朗明媚的一面，让自己从灰暗的人群背景中脱颖而出，成功引起对方的注意；如通过优雅知性的妆容展现自己，给人以可信赖感，成功打动陌生人的心；等等。对于提升女人外在形象的详细讲解可以参考本书第三章的内容。

不过，女人的"美丽"到底应该怎么定义呢？美丽取决于观看者的想法，它没有固定不变的评判标准，但可以肯定的是，女人的美丽并不仅仅取决于外貌，苏联作家奥斯特洛夫斯基曾说："人的美并不在于外貌、衣着和发式，而在于他本身，在于他的心。要是人没有内心的美，我们常常会厌恶他漂亮的外表。"

著名节目主持人杨澜曾经说，她认为自己长得并不出众，身边也没有人夸过她长得漂亮，但她从来没有因此而难过，反而一直督促自己在其他的方面多加努力。

杨澜曾特意解释过这个问题："我想'漂亮'一般光是指外貌，女性美的表现在于一种母性，不管她是不是做妈妈。女人很有'女人味'，不是说她很媚、很妖，她应该很沉着、宽容、关爱。另外，我觉得女人的美丽更主要是在思想方面。我曾经问过许多大导演：'你们整天生活在美女堆里，是不是老是动感情？'他们就说：'没有，许多女人只有漂亮的脸蛋，根本没法触动我们。'所以，一个女人的思想很重要，如果跟不上时代，总以为搽脂抹粉就可以留住男人的心，我觉得那是一种妄想。只有在思想上不断挑战他，才会给男人一种新鲜感和刺激感，这非常重要。"

她还曾说："漂亮这个事绝对是很相对的、很个人化的一种观点。有一个说法，我觉得挺喜欢的。它说，女人30岁以前的相貌是父母给的，30岁以后的相貌是自己给的。我觉得这个话要这么理解，就是说你所积累的你的个性、你的气质、你的所受的教育背景可能会在你的青春的高峰过了以后，越来越显现出来。也有一个说法，说你如果要去看一个女人美不美，应该看她在50岁的时候是什么样子的。那个时候，是她一辈子修行的结果。那我希望我到50岁的时候是一个漂亮的老太太。"

女人天生丽质固然是上天赐予的礼物，在社会交际中也会是一种莫大的优势，但一个女人如果没有内涵，徒有其表，人们在与之长期交往后也难免会审美疲劳。女人可以每天抽出时间来用心去看一本书，提升自己的谈吐和修养；多了解政治、时事，增加与别人的共同话题；要真诚善良，关心身边的每一个人；要自主独立，做不依靠别人的魅力女人；等等。具体的提升女人内在美的内容可以参见本书的第四章。

总之，女人只有同时修炼好内在和外在，充分发挥女性的魅力，才能自然产生强大的吸引力，吸引别人主动、真诚地和你交往，使自己成为更有能力、更可爱的人。

🍷 交际思语 🍷

女性的微笑是最动人的语言。在交际的过程中，对不认识的人微笑，能表现出你的随和；在尴尬的场合微笑，能冲淡过于紧张的气氛；向对你怀有敌意的人微笑，能显示你的诚意和宽容。

温柔是女人百试不爽的终极武器

少女的同情与温柔，真有磁石般的力量。

——［法］巴尔扎克

《红楼梦》中的贾宝玉说过："女儿是水做的骨肉……我见了女儿，便清爽。"对于东方女性而言，阴柔之美是女性美的基本特征，其核心便是温柔，女性之美，美就美在"似水柔情"，这既是女性诱人的魅力，也是一种征服他人的巨大力量。

刘梦娇是一家化妆品公司的销售员，为了完成业绩，她经常去大型的市场推销，或者去高档小区挨家挨户地介绍产品。但是她往往敲开门，刚说了一句"你好，这是我们公司新推出的××产品……"，便被拒之门外，长此以往，销售业绩屡屡垫底。

为了提升刘梦娇的销售成绩，公司派她给销售冠军徐娥做助理，让她学习一下别人的经验。第二天，刘梦娇提着大包小包，跟着徐娥敲响了第一家用户的门，开门的是一位中年女士，只见徐娥带着舒缓温柔的语调微笑着说："您好，女士，可以耽误您两分钟时间吗？"见对方没有表示，徐娥接着说："别担心，我只是想和您交流一下护肤方面的心得，我看女士您的皮肤真是太好了！"徐娥的声音非常温柔，态度极其友善，这让对方打消了顾虑，她接着温柔和缓地具体称赞了中年女士的皮肤，并指出了一些小问题，这些问题正说中了对方的苦恼，于是中年女士把徐娥请进了屋内，最后徐娥自然成功售出了自己的产品。

比起刘梦娇单刀直入地介绍产品，徐娥利用她的温柔成功打动了顾客。男人和女人天性不同，自古雄性代表阳刚，雌性代表阴柔，《孔雀东南飞》中有"君当作磐石，妾当作蒲苇"的句子，从侧面生动形象地形容了男人和女人不同的性格。温柔是女性的特点，温柔的女人柔和、优雅、贤淑，这也是女人打动别人的秘密武器，在女人的温柔面前，即使再坚硬的顽石也会消融。

但是，随着时代的发展，中国女性越来越追求男女平等，很多优秀的女性朋友选择用坚强和独立包裹自己，她们凡事依靠自己，并以显露自己的柔弱为耻。对于这一现象，美籍华人学者赵浩生教授曾经尖锐地指出："我发现国内青年女性，有的认为越泼越好，有的精明蛮横，没有女人味了。女人味就是温柔、善良、体贴……"

出于女人的天性，一个女人不管将自己伪装得多么强大、优秀，她们的内心深处往往也是很脆弱的，要想让自己生活得不那么累，女人终究要回归自己的天性——温柔。

有一次，英国女王维多利亚和丈夫闹别扭，丈夫很生气，独自回到卧室，闭门不出。

过了许久，女王返回卧室时打不开门，只好敲门。

丈夫在里面问："谁？"

维多利亚十分傲慢地回答："女王。"

令维多利亚女王没有想到的是，丈夫听到后既不开门也不说话，没办法，维多利亚只好继续敲门。

"谁？"里面再次发出了询问。女王降低了嗓音回答道："维多利亚。"然而里边依然没有动静。

女王耐着性子，再次敲响了房门。里边传来的依然是那客气的一个字：

"谁？"这时，维多利亚彻底放下了她那无比尊贵的女王架子，柔声回答道："亲爱的，我是你的妻子！"

她的话音刚落，门开了。

这个故事很多人都听说过，它充分地说明了一个温柔的女人更有力量。女人在家庭和社会交际中表现出自己温柔的一面并不是屈辱，也并不是屈服于某个人，恰恰相反，女人的温柔就是一种力量。

有位名人曾说过："女人靠征服男人来征服世界，而男人靠征服世界来征服女人。"男人阳刚，女人阴柔，我们都知道以柔克刚的道理，也正因此才有"水滴石穿""绳锯木断"的说法。对于女人，"回眸一笑百媚生"的力量就能产生足够的杀伤力，足以令对方五体投地、心服口服，这难道不比横眉冷对、吵骂动粗来得省时省力得多吗？

相对于要强、独立的女人，生活中还有这样一种女人，她们依赖男人，但对待身边男人的方式非常泼辣、粗鲁。从心理学的角度来说，大多数女人只对有安全感的男人发脾气，因为在这个安全度内，女人知道身边的男人不会因此而离开自己，这种无理取闹有时候反而是一种依赖的表现。

女人要知道，男人不喜欢过于粗鲁、蛮横的女人，对于这种现象，正如吴仪所说："你若聪明，就一定要给你所接触的男人让让路，你尽可能地少说话，多做事。别和男人抢风头，更不用说对自己的老公了，那就更要充分地尊重他，只有自己的老公出息了，你的家庭才能和谐，你也能感觉到幸福。"

🍷 交际思语 🍷

温柔的女人外表庄重，谈吐优雅。女人要想表现得更加温柔，不妨多穿一些纯色的简单干净的服装，选择清新、文艺的风格，给人以文静恬淡的第一印象。另外，在和人交谈时，可以适当地放慢语速，用不疾不徐的语调和他人沟通，以显示内心的沉静、温柔。

聪明的女人会示弱

> 女人最强大的时刻，就是当她们用虚弱试装自己时。
>
> ——[法]德芳夫人

人们常常会用"毫不示弱"来形容勇敢，认为失败、认输是一种耻辱，但是自然界的法则却恰恰是"适者生存"，而不是"强者生存"。人们普遍会对比自己强大或势均力敌的对手怀有警惕心理，而对比自己弱小的对手放松警惕。所以，面对压力，那些巧妙选择示弱、放弃、认输的人恰恰是聪明的人。

瑞典人克洛普以登山为生。1996年的春天，他来到了喜马拉雅山脚下，与其他十二名登山者一起攀登珠峰。出人意料的是，在距离峰顶只有九十多米的时候，克洛普却毅然决定放弃此次登峰，选择下山。

他的这一举动意味着他所做的一切都前功尽弃了。让克洛普做出这个决定的原因是，他预定返回的时间是下午两点，虽然他仅需四十五分钟就能登顶了，但那样却会让他超过安全返回的时限，从而无法在夜幕降临前下山。与克洛普同行的另外十二名登山者显然无法认同他的决定，他们毅然选择向上攀登。

最后，虽然那十二名登山者大多都到达了顶峰，但却错过了安全返回的时间，最终葬身于暴风雪中，让人扼腕叹息。而克洛普通过对恶劣环境的适应，十分轻松地在第二次攀登中登上了顶峰。

"风物长宜放眼量"，在社会交际中，女人要懂得"过慧易夭""强弓易折"的道理，面对压力要敢于示弱，做不到的事情不勉强，完不成的任务不逞能，要知道，示弱不是妥协，而是一种理智的忍让。

示弱并非软弱的代名词，就如同成熟的稻谷都懂得弯腰一样，越是成熟的人恰恰越懂得示弱。女性与男性相比，无论是在力量上还是在心理上都更偏于柔弱，聪明女人要懂得利用自己的优势，善于示弱。

"示弱"不仅能够有利于我们延续生命、保全事业，还可以帮助我们建立良好的人际关系，促进我们与他人和谐共处。因为示弱本身就代表着接纳和包容，故而能消除我们与他人之间的隔阂，增进交流，在人际交往中起着润滑剂的作用。有一个家喻户晓的典故最能体现这一点：

战国时期，蔺相如大挫秦国威风，保全了和氏璧。赵王因此将他封为上卿，官位在廉颇之上。

廉颇对这个结果感到不服气，他对别人说："作为赵国的将军，我有攻城略地的大功劳，而蔺相如呢，他不过是动了动嘴皮子，怎么他的地位就比我还高了呢？何况蔺相如出身不高，一想到我居然排在他的下面，我就感到羞耻。等我遇到蔺相如，我一定要羞辱他一番。"

蔺相如从别人口中听到了这番话后，总是躲着廉颇。有一次，蔺相如外出，看到廉颇远远地过来了，他就赶紧调转了车子回避。蔺相如身边的门客对此颇有异议，觉得蔺相如因为害怕廉颇的羞辱而时刻躲避他，太过于胆怯了，门客们觉得羞耻，纷纷请辞。

蔺相如坚决地挽留他们，并对他们说："你们觉得廉将军和秦王相比谁更厉害？"门客们纷纷说："廉将军当然比不上秦王。"蔺相如说："以秦王的威势，我尚且敢在朝廷上当众呵斥他，羞辱他的臣子，难道我会害怕廉将军吗？但是我想过，强大的秦国之所以不敢对赵国用兵，就是因为赵国有我和廉将军在。如果我俩斗起来，就如同两虎相争，难以共存。我这样处处忍让廉将军，就是将国家的危难放在前面，而将个人的私怨放在后面了而已！"

廉颇听说了蔺相如的这番话后羞愧万分，他脱去上衣，背着荆杖，来到蔺相如的门前请罪说："我真是个粗野卑贱的人，想不到将军的胸怀宽大至此啊！"从此，两个人相互交好，成了生死与共的好友。

恰到好处的示弱，会卸掉女人身上本不该承担的负重。当然，示弱不是真弱，只有强者才可以示弱，如果本来就是一个十足的弱女子，便也没有了示弱的资本。在社会交际中，如果女人想要合理地示弱，就要明白，示弱并不是没有原则地一味退让，不是软弱可欺，反而是有主意、有自信的表现。

除了面对困难示弱、面对强敌示弱外，女人还可以通过巧妙暴露自己的弱点获取别人的信任，让身边的人坦然接受你。仔细留意，你会发现，当你说出"我昨天做了一件丢脸的事情"或主动暴露自己的弱点时，听众会立刻显出十足的兴趣，并且以一种非常轻松的心情听下去。这也是人际交往中一种巧妙的示弱方式。适当地贬低自己就等于变相地捧高他人，大家更愿意在心理上寻找优越感，而非自卑感。如果女人一味地炫耀自己，势必会引起别人的反感。

懂得利用自己的柔弱，将不利化为有利的女人是智慧的，这样不仅可以隐藏起女人身上的锋芒，减少不必要的麻烦，还能够为女人赢得良好的社交关系，使女人成为长久的人生赢家。

🍷 交际思语 🍷

不甘示弱的女人总是太过注重事情的结果，习惯于雷厉风行的做事风格，却忘了欣赏沿途的美景。然而事实上，我们的幸福恰好就隐藏在这沿途的风景之中。

女人都是优秀的"伪装者"

> 男人伪装坚强，只是害怕被女人发现他软弱。女人伪装幸福，只是害怕被男人发现她伤心。
>
> ——张小娴

　　身处复杂的社会，每个人都需要伪装自己，因为把真实的自己完全暴露在别人面前有时会招致危险，如果被竞争对手抓到弱点，很可能会使自己处于不利的地位。而善于韬光养晦的人却往往无往不利。

　　女人天生就是优秀的"伪装者"。你会发现，大多数女性会把自己的照片经过美图软件处理之后才公布在社交软件上；女人们热衷于向人们展现生活中好的一面，将自己伪装在美丽幸福的面具之下；女人们的心思真假难辨，常常让男人猜来猜去也猜不明白。其实这类伪装更多是善意的谎言，于原则无害。

　　需要注意的是，伪装不同于虚伪、欺诈。伪装是将自己用特定的条件包围起来，不让自己在别人面前一览无余；虚伪则是通过谎言达到某种目的，隐瞒事实，欺骗他人。女性朋友在实际运用中要注意加以区分。

　　生活需要伪装，女人也需要扮演不同的角色。作为一个母亲，女人需要扮演慈母的形象，无论孩子多么让你生气，你都要在慈母的形象下隐忍克制，教会孩子正确的生活态度；作为一个妻子，女人要扮演好贤妻的形象，体贴对方的辛劳，让对方感受到你的温柔；作为一个女儿，女人要扮演好孝女的形象，无论自己的真实想法是什么，也绝不能伤害父母的感情；等等。

可见，每个人都需要适当地伪装自己，如果不克制自己，只表露真实的内心，就会伤害到别人，也会面对无数的冲突。

葛艳霞是小学二年级的语文老师。有一次上课铃响了，葛艳霞急匆匆地走进教室，由于没看清脚下的台阶，她一下子摔倒在了地上。一瞬间，整个教室里的学生哄堂大笑起来。

葛艳霞差点迟到，本来就有些心烦，这一下又摔得特别疼，此刻听到孩子们刺耳的笑声，她瞬间吼了出来："笑什么笑？有什么好笑的？没见过别人摔倒吗？老师摔倒，你们就这么高兴啊？"孩子们看到葛老师发火了，笑声瞬间停止了，都吓得捂着嘴不敢发出一丝声音。

葛艳霞看到孩子们受到惊吓的样子，立刻意识到自己不该对孩子们发火，换成旁人见到自己摔倒的模样，肯定也会发笑的，自己又何必把成人恼羞成怒的情绪发泄到孩子们身上呢？

葛艳霞想了想，走上了讲台，忽然，她装作没站稳的样子，一下子又摔在了地上。"哈哈哈"，孩子们又大笑起来，但是瞬间就停止了，他们吸取了"教训"，不敢再笑了。这时，葛艳霞看着教室里的孩子，装作很疼的样子，一边揉着腿一边说："哎呀，好疼啊，老师该怎么办呢？"

一瞬间，教室里站起来好几个孩子："老师，您别动，我去扶您。"他们走上讲台，把葛老师扶了起来。

葛老师用假摔引导算不算欺骗？其实，小孩子的心理还不健全，成人必须要考虑他们的承受能力，隐藏起自己的真实心思，教导他们在成长之路上树立正确的人生观念。如果葛老师不懂得伪装自己，一味地表现出自己真实的一面，势必会不利于孩子在成长之路上树立积极向上的人生观，由此可见，我们在特定的场合伪装自己是必要的。

女人的"伪装"要恰当地用在职场和生活中，做到胸有城府，喜怒不形于色。在职场中，如果一个女人在自己开心的时候就喜笑颜开，在自己愤怒的时候就大发雷霆，会给人不成熟、不稳重的感觉，让人认为你不堪重用。宠辱不惊的你，才会真正刀枪不入。

陶思大学毕业后来到了一家外企上班，她的父母不放心这个娇娇女，于是找来陶思同单位的费霞，请费霞看在她的父母和他们老两口多年交情的份上，多帮助一下陶思。然后老两口又语重心长地对陶思说："你现在也长大了，出门在外要靠自己，以后多跟你费姐学，看人家在公司是怎么处事的。"

陶思学习能力强，但毕竟年纪小，心思比较单纯，慢慢地，她发现自己在处理公司的人际关系方面出了问题。她发现身边的同事说的话都扑朔迷离，大家也都不怎么和她聊天，反而都爱找费霞聊天，她也不明白为什么很多简单的事情要被大家搞得那么复杂。

仔细观察后，陶思发现，费霞和自己完全不同，自己是有什么就表现什么，从来不藏着掖着，显得过于直露，但费霞恰恰相反。不管是对熟悉还是不熟的人，她都能保持微笑、彬彬有礼；不管是遇到开心的事还是被领导批评了，她也总能调整心情，以平和的心态面对大家。

她将这一发现告诉了费霞，费霞点头笑着说："对啊，你很聪明，为人处事要做到喜怒不形于色，不要将自己的情绪全写在脸上，只有这样，你才能在职场上如鱼得水。"

那么，女人应该怎样伪装自己的情绪呢？这要根据具体环境和每个人不同的性格来区分。例如，商场里的导购需要谨遵"顾客就是上帝"的信念，笑脸迎人，即便再累，也不能表现出倦怠的神色；但是银行运钞员却需要严阵以待，摆出一副严肃的面孔，即便遇到再开心的事，也不能和同事嬉笑打闹，使人们对他们失去敬畏心。

因此，女人伪装自己的情绪需要量身定做，需要自己在实践中慢慢摸索，并且要学会在多重身份之间自如地转换。比如，在家对父母百依百顺的乖乖女走上职场要以干练的形象示人，不能遇事软弱，任人欺负；事业上的女强人回到家中则要卸下强势的伪装，千万不要再对家人摆出颐指气使的架子。

有智慧的伪装可以让女人在复杂的社会中如鱼得水，女人要学会分辨如何在特定的场合伪装自己，争取成为笑到最后的人生赢家。

交际思语

生活中，总有那么一些人是你坚定的支持者，面对他们的时候，女人不妨撤掉自己的伪装，以最真实的面目对待你的爱人、知己。

给你的情绪安一道"闸门"

能控制好自己情绪的人，比能拿下一座城池的将军更伟大。

——［法］拿破仑

　　不安分的情绪不仅会扰乱我们的心智，甚至还会摧毁我们的健康。我们经常会被情绪控制，尤其是女人，可以说，女人一辈子最强劲的敌人莫过于自己的情绪。

　　那么，情绪是如何控制我们的呢？从生理层面上看，女性大脑中连接左右脑的胼胝体比男性的更为厚大，神经通路更多，且左右脑均能反应情绪，女性天生在情绪捕捉、觉察和表达上就比只用右脑处理情绪的男性有更多生理上的优势。

　　从心理层面上看，女人敏感度高，在当今的社会角色分工中，女性的牺牲更大，女性普遍自我效能感比男性低很多，因而需要依靠社会效能感来体现自我价值。在这种情况下，女人更容易受到外界环境和气氛的影响，从而导致安全感的缺乏和情绪上的不稳定。

　　当产生负面情绪时，女性会下意识地保护自己，就像一只蜷缩起来的刺猬，把刺毫不留情地对准周围的人，这种受制于情绪的做法往往非但不能解决问题，反而会让事情变得越来越糟。

　　其实，很多女性朋友都能意识到不稳定的情绪对人际交往的危害性，但是大家在遇到具体问题的时候，却又会不由自主地被情绪控制，女人们常说："我也知道控制情绪的重要性，但是我做不到，这真的太难了。"这个时候，女性朋友不妨试着给自己的情绪设限，给情绪安一道"闸门"，学着认识情绪，管理情绪。

在一所女子大学里，有一位刚入职不久的女老师，鉴于女老师性格随和，学生们都不怕"打扰"她，经常一遇到问题就跑来找她解决。

在一个下雨天，班上的一名女学生匆匆跑进女老师的办公室找她。女学生情绪非常激动，原来她宿舍的另一名同学当众讥讽她的课后作业写得平庸至极，毫无见解，女学生感觉很屈辱，她想找女老师为自己主持公道。

女老师听后，慢条斯理地说："很多时候，我们是无法控制别人的言行的，但是，如果你不介意，就让我给你一个小建议。别人的批评和羞辱，其实和泥巴没什么两样。"

女老师说着，从旁边的衣架上取下了自己的外套，对女学生说："你看我的大衣，上边的泥点就是今天过马路时不小心被溅上的，如果你当时立刻去抹，一定会越抹越脏，所以我干脆不去管它，把外套挂到一边，专心干别的事，这样等泥巴晾干了，再处理起来就会容易得多了。你看，轻轻掸几下就干净了。"

古希腊哲学家亚里士多德曾说过这样一句话："发脾气是值得赞扬的，如果你能做到：在适当的场合，向正确的对象，在合适的时刻，使用恰当的方式，因为公正的理由而发脾气。"当情绪不稳定时，一个成熟、理智的女人一定会先控制自己的情绪，因为有时候，等情绪的水分都蒸发掉了，你会发现，惹你生气的那点泥点也许早已经淡得看不到了。

当负面情绪充斥我们的内心时，女人要学着给自己的情绪安一道"闸门"，我们可以按以下方法来做。

1. 学会关上情绪的门

聪明女人不管遇到什么尴尬、紧张、愤怒、伤心的事情，都会镇定自若，巧妙化解，沉着的女人有着莫大的智慧，而这份沉着的关键就在于会"关门"。在这一点上，著名演员安吉丽娜·朱莉的行为就很值得我们学习。

好莱坞电影明星安吉丽娜·朱莉凭借着自己卓越的演技和独特魅力，使得很多人都将她视为自己的偶像。

有一次，安吉丽娜参加了一场颁奖典礼，在典礼上，按照既定流程，主持人和嘉宾要先分享一下自己的感言，然后再引出正题，宣布获奖名单。可是这一次，安吉丽娜一上场便忘了台词，任凭身边的主持人如何提醒她，安吉丽娜始终想不起自己该说的话。

眼看着就要冷场了，面对着直播的镜头，主持人急得一身冷汗。没想到安吉丽娜却不急不忙地对着镜头说："等一下，让我想想。"大家都饶有兴致地等着，想看看她怎样解决这尴尬的局面。

没想到，几秒钟后，安吉丽娜淡定而真诚地说："想不起来了，颁奖吧！"紧接着，她十分淡然地念出了获奖名单上的名字。台下的观众纷纷为她的镇定从容所折服，爆发出了热烈而长久的掌声。

不管焦虑也好，崩溃也好，紧张也好，女性朋友一定要学着认识这些情绪，并且在关键时刻关起门来。就像上面的案例中所讲的，遇事沉着冷静，不让恶化的情绪把事情搞得更糟。

2. 学会隔门交流

当不愉快的事情确实影响我们的感受时，一味地隐藏反而不利于相互之间的坦诚关系，这个时候不妨先关起情绪的门，然后和对方抛开不悦，推心置腹地进行彻底的交流。有时候，适当地处理和解决情绪，能帮助我们避免因为内心囤积的不良情绪而出现沟通不良和关系恶化的问题。

3. 适时敞开情绪的门

情绪也不能一味地压制，这样不仅不利于我们拥有积极向上的心态，还会妨碍我们的健康。女性朋友要学会调节情绪，适当地放空关在门后长期积累的坏情绪。当我们在特别亲近的人面前或者在适当的场合下，可以适当地发泄情绪，以保证自己在其他情况下都能保持沉着优雅的形象。

女人在具体控制自己的情绪时，可以尝试着记录自己情绪高发的时间、次数、起因、结果等，详细绘制成表格，以便更直观地了解自己的情绪，明白情绪发作的原因、频繁性和它的力量，以此为参考，尝试总结出适合自己的控制情绪的方法。一旦刺激情绪的因素出现，女性朋友就要密切关注，把控好情绪的"闸门"，保证自己情绪的稳定性。

此外，心理学家艾克曼的实验表明，一个人如果总是想象着自己处于某种情境，感受某种情绪，那么这种情绪十有八九可能真的会来。一个实验者在故意装作愤怒的时候，由于"角色"的影响，他的心率和体温真的会上升。这个发现说明，女人如果想要快速有效地摆脱坏心情，可以伪装情绪。例如，人们常常会逗泪眼汪汪的孩子说："笑一笑呀！"孩子在勉强地笑了笑之后，可能真的就开心起来了。所以，女人在负面情绪来临的时候，可以多回忆愉快、美好的瞬间，还可以用微笑来激励自己，尽最大努力做自己情绪的主人。

🍷 交际思语 🍷

戴尔·卡耐基曾说："学会控制情绪是我们成功和快乐的要诀。"那些受欢迎的人，往往都是具有很强的情绪自制力的人，没有什么比情绪更能影响我们的生活，只有掌控好情绪，我们才能在工作、生活、待人接物中掌握主动权。

【测一测】你在他人眼中是怎样的形象

1. 你会把自己比喻成哪种花香？

   浓郁的花香——去第 2 题

   清淡的花香——去第 3 题

2. 你会选择哪种香味的润唇膏？

   水果味——去第 4 题

   薄荷味——去第 5 题

3. 你会把自己比喻为哪种花束？

   红色系的花束（如红色／粉红色／橙色）——去第 2 题

   非红色系的花束（如白色／蓝色／紫色）——去第 5 题

4. 你跟意中人首次约会用什么香水？

   带有甜味的花香——去第 6 题

   清爽的水果香味——去第 7 题

5. 你比较喜欢哪种味道？

   盛夏干燥的草味——去第 4 题

   雨后湿淋淋的草味——去第 7 题

6. 玫瑰和百合，你比较喜欢哪种香味？

   玫瑰——去第 8 题

   百合——去第 9 题

7. 你刚发现一瓶新款洗头水，你十分喜欢它的味道，那瓶子是什么

形状？

   圆形——去第 6 题

   长身形——去第 10 题

8. 当你情绪低落时，哪种味道最能抚慰你的心灵？

花香——去第 11 题

森林的味道——去第 12 题

9. 你在收视率超高的剧集中看见一个香包，它是什么颜色？

紫色——去第 8 题

红色——去第 12 题

10. 市面上刚推出了一种全新的香草味雪糕，你的看法是什么？

相当引人注意——去第 9 题

不太引人注意——去第 13 题

11. 下列哪种味道会勾起你怀念的感觉？

面包香味——去第 14 题

大自然的味道——去第 15 题

12. 如果月亮的光辉会发出味道，你嗅到后会联想起下列哪组形容词？

刺激 / 灿烂夺目 / 香味四溢——去第 11 题

沉郁 / 孤独 / 踏实 / 安静——去第 15 题

13. 你比较喜欢哪种香味？

香料味——去第 12 题

茶香——去第 16 题

14. 你对体味的看法是什么？

非常讨厌——去第 17 题

如果是自己喜欢的味道就没有关系——去第 18 题

15. 你觉得什么香味比较提神？

柑橘香——去第 14 题

薄荷香——去第 18 题

16. 你喜欢异性身上有哪种香味？

香水味——去第 15 题

自然肥皂味——去第 19 题

17. 想起游乐场，你会想起哪种味道？

牛奶及葡萄——去第 20 题

　　甜甜的糖果——去第 21 题

18. 如果要在房间里点上香薰，你喜欢哪一种形状的香薰？

　　三角锥形——去第 17 题

　　棒状——去第 21 题

19. 你对于香水的看法是什么？

　　非常喜欢——去第 18 题

　　不算十分喜欢——去第 22 题

20. 对于婴儿使用的肥皂系列香味有什么看法？

　　喜欢——A 型

　　不是特别喜欢——B 型

21. 你知道自己的味道吗？

　　不知道——去第 20 题

　　知道——C 型

22. 你喜欢皮革的味道吗？

　　喜欢——去第 21 题

　　讨厌——D 型

测试结果：

A. 水果香形象

　　你自由愉悦，让人感觉就像个天真无邪的孩子。有你在的场合，整个气氛都会热烈起来，所以你是聚会中不可或缺的人物。不过虽然你个性开朗，大家也很喜欢你，但别人一般会认为很难和你成为亲密好友，你给人的印象太过随性、潇洒。有些人觉得你爱玩弄别人，依赖性又强，所以不太愿意亲近你。不过，真正的你其实十分成熟稳重，正因透彻地了解你的人不多，所以你的知心朋友也相当少。

B. 东方花香形象

　　你拥有强烈的自我意识及自己的世界，不会跟朋友纠缠不清，通常会选择单独行动，围绕在你周遭的人都会觉得你是一个"带有神秘色彩的人物"。你会利用自己的力量积极地达成愿望，给人以热情的印象。因为你过强的防备意识，人们会觉得你难以接近。但与你非常亲近的人知道，其实真正的你内心是相当温柔的。

C. 草香形象

你拥有旺盛的好奇心与超强的感知力，不喜欢依赖他人，乍看你是个自命清高、不好相处的人，但等到交情加深之后，就会知道你非常爽朗。你表面看起来也许很冷静，不喜欢让人看到你脆弱的一面，实际上却是热情如火，知道你本性的人，才能够跟你长期地交往下去。

D. 花香形象

你温柔优雅，很懂得为他人着想，总是给人乐观、积极和勇于面对困难的感觉，让人觉得相当有魅力，很值得信赖。这样的你会让人感觉非常擅长维系人际关系，甚至认为你是个"绝不愿意拒绝他人"的人，所以特别容易被那些依赖心强、只顾自己利益的人利用。

第三章

好形象是女人递出的第一张名片

亚里士多德曾说："美丽比一封介绍信更具有推荐力。"哪怕置身于茫茫人海中，风姿卓绝的女人也总会让人眼前一亮，给人深刻的第一印象。一个女人或许无法改变自己先天的容貌，却可以努力提升自己的外在形象，做一个有品位、有内涵、受欢迎的魅力女人。

穿出自己的独特风格

> 某些文明礼貌的妇女如果没有服饰就会失去一半的魅力，有些会失去全部的魅力。一个最大限度地打扮起来的现代文明的姑娘，是以精致优美的艺术和金钱造就的奇迹。
>
> ——[美]马克·吐温

　　人们装扮自己的形象，当然不仅仅是为了取悦自己，更多是为了给别人留下一个深刻的印象，希望能得到别人的认可。卡耐基曾说："一个人的第一印象是非常重要的，别人对你，或者你对别人都一样。"人们认识人和事都是一个由表及里、循序渐进的过程，在人们互相不了解的情况下，绝大部分人会选择通过一个人的穿着、形象来判断对方，进而产生或好或坏的第一印象。

　　由此可见，穿衣的确是一件非常重要的事情，它和季节、场合、对象、个性等密切相关，对外能影响别人对一个女人的第一印象，对内能反映出一个女人的个性气质。对于女人而言，想要给人鲜明的第一印象、从人群中脱颖而出，穿出自己的风格很重要。

　　要穿出自己的风格，首先要了解自己的特色，生活中经常看到很多女人盲目追逐时尚，崇尚名牌，丝毫不考虑自己的肤色、身材、性格等因素，结果往往东施效颦，弄巧成拙。穿衣是一门学问，女人必须要有自己的品位，只有融合了一个人的气质、涵养、风格的穿着才能体现出个性，而这往往是穿衣之道的最高境界。

在认识自己、提升品位的过程中，女人可以多观察自己欣赏的人是怎么装扮自己的，多思考"她为什么会穿这件衣服""她为什么这样穿衣服""她想表达什么"等问题，思考得多了，你就会越来越具备分析能力，明白着装的技巧，进而尝试着运用到自己的装扮中，结合自己的个性，展现自己的风格。

那么，女人的着装通常能反映哪些秘密呢？

1. 着装能透露一个人的爱好

从穿衣打扮上可以看出一个人的兴趣爱好。比如有的女人非常喜欢小动物，从衣服到包包上面都是小动物的图案；比如有的女人爱追星，干脆穿着印有明星照片的T恤出门。

2. 着装能体现一个人的经济地位

到了一定的年龄，大部分人都会注意自己的形象，再加上女人对品牌的关注和了解，一般都会量力而行为自己选择衣物。所以，着装能直接体现一个人的经济地位，人们能很容易地根据女人的着装判断出她的经济实力。

经济条件好的女人选择的往往都是名牌；而经济实力一般的女人，每次出门可能穿来穿去就是那几件，也鲜少会穿新款，在服饰搭配上就会稍显局促。

3. 着装能反映一个人的性格特点

有的女人性格随意、自在，她们喜欢穿休闲风格的服饰，最受不了把自己裹在正式套装里；有的女人认为自己就像纤尘不染的空谷百合，她们会用纯色素雅的衣服装扮自己；有的女人认为自己热情似火、妖艳动人，她们会选择颜色艳丽的衣服突出自己；有的女人想表现自己严肃认真的性格，则会选择衬衫、套裙、高跟鞋的"标准配置"。

4. 着装能透露一个人的内心

喜欢高彩度颜色的人，通常开朗而外向，举止倾向于活动型。但是内心充满不安，总怀着不确定感，正是因为要弥补自身的不安，所以才喜欢高彩度的颜色。通常这类人即使遇到小事也会感到欢喜或悲伤。而不喜欢高彩度颜色的人则与前者相反，她们的内心很坚定，信心十足，有时虽然自我主张不太强，但必要时会毫不畏惧地表达自己的观点。

了解着装的秘密，将最能表达自己个性、最能传达自己意愿的服饰搭配起来，女人就可以给别人留下好印象，在人际交往中占据有利地位。

但是相对于单纯地展现风格来说，穿什么、穿得对是一个更加重要的命题，学会穿衣的首要前提就是要穿得对。如果一个女人在特定的场合没有合适的着装，而是一味地展示自己的风格，就只会显得格格不入，进而影响别人对她的第一印象。

马芳在花旗银行工作，尽管她的业务能力很强，却拿着相对较低的薪资，对此，她的上司也感到很遗憾。

在和面试官讨论这个问题时，面试官说："我们在面试马芳的时候，她的穿着很随意，看起来是个再普通不过的女人，所以公司把她的职位划定在相对简单的范畴。没想到进入公司后，马芳的专业能力这么强，不幸的是公司已经确定了她的位置，我们也只能在这个基础上给她确定薪资了。"

原来，马芳在面试的时候没有意识到第一印象的重要性，而是想表现自己大部分时候随和亲切的一面，于是她穿着休闲的衣服，也没有化妆就去面试了。而且由于准备不充分，她自我展示得也不突出。这些直接导致了马芳的能力被低估和忽视，使得她给公司留下了平凡的第一印象，成了她日后事业前进的障碍。

绝大部分时候，女人的风格不是只有一种的，就像我们的性格一样，会有复杂性。打开我们的衣橱，你会发现，在一种主要风格之外，可能同时还会有其他几种风格穿插在里面，这也正说明服饰可以在不同的场合展现出女人不同的风格，绽放女人更加丰富的魅力元素。

优雅的女人会十分注意区分表现自己的场合，她们认为：上班就要有上班的样子；如果下班之后去逛街，那么就要换上休闲的服饰，不能再穿上班的衣服；夜晚也要有夜晚的服装，绝对不会穿着工作时的套装出现在酒吧里，惹人非议。只有懂得什么场合穿什么衣服，让正确得体的服饰代替自己

"发声"，才可以称得上是聪明优雅的女人。

交际思语

　　配饰能够在很大程度上突出女性的个性，配合着装展现出女性的独特风格，不过女性朋友在交际场合中要注意，佩戴的首饰不宜过多，不宜过于繁杂，最好不超过三件，项链、耳环、戒指足矣。

修饰面容，气色好的女人才迷人

永远打扮好了再出门。你永远不知道命运在下一个转角口为你预备了什么。

——［法］可可·香奈儿

当我们看到一张面孔的时候，将会有一个强大的直觉指引你透过她的面相去感受面孔后面的本质。这就是为什么生活中穿着得体、妆容精致的女人会给人生气勃勃的印象，让人感受到她们热爱生活、尊重别人的态度，而形象邋遢、素面朝天的女人却会让人觉得她们漠视别人、毫无生气。

林肯曾说："一个人到了四十岁以后，就要对他的长相负责。"人的相貌虽然是天生的，但我们可以通过修饰面容让自己时刻容光焕发，避免因为粗糙的仪容影响自己在别人心目中的形象。

蒋梅梅结婚后辞去了工作，在家全心全意照顾孩子，然而时间长了，她的老公开始频繁地和她争吵，嫌她不修边幅，而且她做错一点小事就会引起老公强烈的不满。为此，蒋梅梅对自己的闺蜜大吐苦水："为什么结婚前男人看女人什么都好，结婚后却越来越爱挑女人的毛病呢？"

蒋梅梅不能忍受老公对她态度的转变，终于，因为一件小事，两个人彻底吵翻了，他们决定马上去离婚。

丈夫很快就把衣服换好了，蒋梅梅却迟迟没有动静，于是丈夫一遍遍催她，蒋梅梅却说："离婚是大事，我要化个妆！"

丈夫就耐着性子在外面等，蒋梅梅在屋里细心地化，一个小时过去了，蒋梅梅终于出来了，丈夫却惊呆了，他面前的蒋梅梅一改过去邋里邋遢的黄脸婆形象，变得容光焕发。

沉默了一会儿，丈夫开口道："老婆，今天你打扮这么好看，想去哪儿逛街？"

就这样，两个人离婚的事就此不了了之了。

一场离婚风波就这样被妻子精致的妆容化解了。实际生活中，一个女人是否注意自己的仪容，如何对待自己的仪容，能够反映出她对自己和生活的定位，而选择什么样的妆容往往能反映出一个女人的内在。了解不同妆容代表的含义，有助于我们了解周围人的性格，进而恰当地展现自己。

1. 喜欢淡妆的女人表现欲较弱

喜欢化淡妆的女人不会将过多的时间浪费在梳妆台前，她们往往有着自己独特的想法，极少对外人透露自己的秘密，属于比较保守、聪慧的类型。

2. 喜欢浓妆的女人表现欲强

女人浓妆艳抹多是要吸引别人的注意，渴望获得别人的认可。她们的性格通常比较前卫和开放，敢于追逐大胆、刺激的新鲜潮流。她们往往不会在意别人的恶意指责，始终对别人保持热情、真诚的态度。

3. 化妆时间很长的女人是完美主义者

很多女人宁愿早起一个小时，也要化一个精致的妆，这种女人属于典型的完美主义者。她们凡事追求尽善尽美，为了达到自己的目标不惜花费巨大的代价，对待妆容也是力求完美，直到满意为止。

4. 喜欢奇怪妆容的女人逆反心理强烈

有的女人喜欢给自己化奇怪的妆容，比如夸张的烟熏妆，艳丽张扬的眼影，黑色、紫色的唇妆，等等。这类女人往往将化妆当成宣泄自己情感的一种方式，喜欢选择和社会常态相反的方式表现自己，具有强烈的逆反心理。

虽然夸张的妆容更能突出一个人的性格，但在很多交际场合中并不适用，相反，自然妆容可以让女人看上去神采奕奕，又不会显得矫揉造作。

在日常外出或求职面试时，女人可以化一个清新自然的裸妆，既花不了多少时间，还能给人有精神、有朝气的感觉；在参加聚会或参加艺术类活动时，女人可以强化一下眼妆，以增加自己的气场；在约会时或气氛活跃的场合，则可以强化唇妆，提亮自己的神采，也更能彰显自己的女人味。

化妆是女人的日常必备活动，女人们对化妆总有或多或少的心得，在与人交流的过程中，不妨多向别人取经，问一下对方常用的品牌、常去的美容院等，这样既能学到更多的东西，也能增强你和他人的交际。

🍷 交际思语 🍷

化妆不仅可以给人增添光彩，甚至还有养生保健的作用，这就是"化妆心理学"的影响。因为女性在变得光鲜亮丽的时候，心情也会随之变得愉快，从而对生理和心理都能产生良好的作用。

给人好感的坐姿和站姿

在美的方面，相貌之美高于色泽之美，而秀雅合适的动作之美又高于相貌之美。

——〔英〕培根

什么样的女人才能称得上是名副其实的优雅女人？一个真正优雅的女人，她要具备积极向上的心态，有自己的个性和品位，追随时尚但又不盲从，善于打扮自己，却更懂得努力工作、充实生活，能在工作和生活中找到平衡……然而，良好的体态更是一个优雅女人必须修炼的功课，因为这是别人认识你的窗口。

美国心理学者阿尔波特通过实验得出：一个女人要向外界传达完整的信息，她的语言成分只占7%，声音成分占38%，而剩下的55%则需要依靠肢体语言来传达。这被称为"阿尔波特公式"。

由此可见，要提升别人对你的好感度，肢体语言尤为关键。如何通过站姿、坐姿传达出一个女人的优雅魅力，尤其应该引起我们的重视。

1. 得体的站姿

站立是人们在生活交往中最基本的一种举止。当我们谈到对一个人的印象时，除了他的长相，脑海中第一时间浮现的通常就是他站立的样子。这是因为人们在潜意识里会认为站姿代表着一个人的精神面貌，人们会自然地对一个站得笔直的人产生好感，而对一个站立时弯腰驼背、无精打采的人感到厌烦。

女性正确的站姿是表情自然，面带微笑，双目平视，背脊挺直，收下颏，挺胸，同时注意收腹提臀，双臂自然下垂，两脚并拢，脚尖呈"V"字形，让肢体各部位自然舒展，将女性特有的曲线美自信地展现出来。

女人在站立时的姿势应该是自然、轻松、优美的，不必过于拘谨。在日常生活中，经常可以看到有些女性在站立时手足无措，不知道应该把自己的双手放在哪里才好。其实，站姿是可以随着场合进行调整的，只要保持身体挺直，其余如脚的角度、姿势和手的位置都是可以视情况而变化的。

比如，在同别人站着交谈时，如果你的双手是空着的，那么可以将双手在体前交叉，右手放在左手上面。如果你身上背着背包，则可以用手扶着包，利用背包站出优雅的姿态。

女人的站姿是一门学问，站得好，能给别人留下深刻、美好的第一印象，站得不好，就会给人留下缺乏自信、懒散随意的坏印象。所以女人一定要避免下面几种错误的站姿：

（1）驼背站立。很多女人在站立时无意识中就会弯腰驼背，觉得这样站立比较舒服，事实上，正如人们说的，"世上没有丑女人，只有懒女人"，你或许能得到片刻的休息，但是会让人们忽略你的美丽。另外，驼背站立还会给人一种缺乏自信心的印象，所以，要及时抬头、挺胸，时刻展现出自己的自信和风采。

（2）凸出腹部。女人在挺胸抬头的时候往往会误把腹部也凸出来，这种姿势是不正确的，应当在抬头挺胸的同时还要收腹，这样才能展现出女人的优雅体态。

另外，像双臂交叉抱在胸前、双手放在背后、两手叉腰、身子左摇右晃或把身子倚靠在墙上，这些动作不仅有失风度，而且有些动作还含有暗示意味，如双臂交叉抱在胸前表示权威和戒备。

2. 正确的坐姿

女人的坐姿能反映出她的精神状态，正确的坐姿应该端正稳重，这样会给人以优雅端庄、自然大方的美感。

坐姿包括落座的姿势和坐定的姿势两部分。落座时，要先走到座位前，转身后把右脚向后撤半步，后腿能够碰到椅子，然后轻稳坐下。如果当时穿的是裙子，在坐下前要先把裙摆整理一下，以免坐皱衣物。坐下时应当坐在椅子前2/3的位置，而不是一屁股坐满整张椅子。

坐定后，双膝要自然地并拢在一起，上体自然挺直，摆正头部，表情要自然亲切，两肩平正放松，两臂自然弯曲放在膝上，也可以放在椅子或沙发扶手上。

另外为了使坐姿更加正确优美，女性朋友们还应该注意以下几点：

（1）入座要轻柔和缓，起立要端庄稳重。不可弄得座椅乱响，就座时不可以扭扭歪歪，两腿不可过于叉开。

（2）不可以高跷起二郎腿，也不可抖动腿部，如果想跷腿，两腿应该是合并的，悬空的脚尖应向下，切忌脚尖朝天。另外，穿短裙时最好不要做跷腿这个动作。

（3）在坐着与人交谈时，特别是倾听别人说话时，应该将上半身微微前倾，这样的动作会让对方觉得你在认真倾听。

（4）不要半躺在沙发上，这样会显得你很懒散，没有精神；不要把头靠在沙发背上，仰着头同别人说话，会给人不礼貌的感觉。

法国作家弗朗索瓦·德·拉罗什富科曾说："优雅之于体态，犹如判断力之于智慧。"在社交中，不管一个女人的身材如何，只要能保持良好的体态，练就优雅的站姿和坐姿，就会使她看上去更有自信，给人留下落落大方、气质出众的印象，进而赢得别人的好感。

🍷 交际思语 🍷

在行走时，女性朋友要双目平视，收腹直腰，昂首挺胸，脚尖应向着正前方，脚跟先落地，双臂自然摆动，这样能给人一种从容不迫、轻快矫健的美感。

女人一定要掌握的交际礼仪

> 表面上礼仪有无数清规戒律，但其根本目的却在于使世界成为一个充满生活乐趣的地方，使人变得平易近人。
>
> ——[美]伊丽莎白·波斯特

现代女性在社会上有着属于自己的地位，不可避免地有着一系列的社交活动，可以说，社交已经成了女人日常生活中的一部分，那么想要赢得他人的认可和尊重，展现自身的魅力风采，掌握好交际中那些约定俗成的社交礼仪尤为重要。

社交礼仪是人们在社会生活中处理人际关系、表达对他人的友谊和好感的一种文化，也是在社会交往中使用频率较高的日常礼节。一个女人待人接物的态度和方式能直接表现出她的个人文化修养、情感厚薄以及和对方的关系远近等。

1. 打招呼的礼仪

打招呼是联络感情的手段，看上去是稀松平常的小事，却能够反映出一个人的心态好坏和素养高低。女人主动跟别人打招呼，能够传递出尊重别人、热情积极的信息。

打招呼的方式可以灵活机动、多种多样，可以是微笑、点头、问好，也可以是招手、握手、拥抱等。无论用哪种方式打招呼，都要面带微笑，眼睛看着对方，让别人感受到你真诚的态度，而不是在敷衍了事。

打招呼时还要注意区分场合，注意双方的亲疏关系。在一些特殊的场合，比如人太多的时候或者不方便深入接触的时候，可以招手问好代替大声喧哗。对于并不要好的朋友，不宜用涉及别人隐私的话题作为打招呼的语言，如"你干什么去""在忙什么"等，而可以选用比较常用的打招呼语言，如"你好""你吃了吗"等。

此外，在相互见面、离别、祝贺、慰问等情况下，握手是很常见的一种礼节。但在实际运用中，女人必须要留意握手的一些注意事项。

（1）握手时，双目应注视对方，微笑致意或问好，不要看着第三者握手。如果对方先伸出手来，不要刻意拒绝别人，以免尴尬。

（2）主人和客人之间握手，主人先伸手后，客人再伸手相握；长辈和晚辈之间握手，长辈伸手后，晚辈才能伸手相握；上下级之间握手，上级伸手后，下级才能伸手相握；平辈的男女之间握手，女方伸手后，男方才能伸手相握。

（3）握手的力度和时间要适当，握手时间一般以 1～3 秒为宜。过紧地握住对方的手或是两手刚碰到就快速分开都是不礼貌的。

（4）握手时一定要用右手。用左手与人相握是不合适的。在特殊情况下不得不用左手与人相握时，应当说明或者道歉。

（5）与他人握手时，女士应该保证手是洁净的，否则会让对方产生不舒服、不愉快的感觉。握手之后不要立刻擦拭自己的手掌，避免给人嫌弃、不尊重的感觉。

2. 接待的礼仪

接待客人是很多女性都会遇到的一项日常活动。接待中的礼仪表现不仅关系到女性自身的形象问题，还会关系到家庭或者公司的形象，所以在接待客人时，一定要掌握好相关的接待礼仪。

对于前来拜访的客人，如果是外地客人，应提前去车站、机场迎接，接到客人后，应首先问候"一路辛劳了"；如果和要来拜访的客人同在一个城市，则要按照约定时间提前做好准备，不要临时外出。

在引导客人前往客厅或公司会客室时，应让客人走在内侧，自己比客人稍往前站一些，并配合客人的步调。引导客人乘坐电梯时，应自己先进入电梯，等客人进入后关闭电梯门，到达时，让客人先走出电梯。当访客进入客厅或会客室时，应用手示意请访客坐下。

客人落座后要及时为客人奉茶。中国人习惯用茶水接待客人，在接待尊贵的客人时，应选用恰当的茶具，诚恳地为客人奉茶。在客人用完茶后，要热情地帮客人续茶。

会客结束后，要谦恭有礼地将客人送出大门。具体送客的礼仪视不同环境和接待的对象而异。如果要将访客送到电梯口，则要目送访客直到电梯门关上为止，并礼貌地挥手示意。如果要将访客送到公司大门口，那么要热情地对访客表达欢迎再次光临的意愿，并目送访客离开，直到看不见访客的身影再返回。

3. 用餐的礼仪

有调查显示，中国人最为普及的三种社交活动为聚餐、体育运动和去KTV。其中，聚餐所占的比例为46.4%，居于首位。通过聚餐这种社交行为，人们既能大快朵颐，又能拉近彼此之间的距离，因此，掌握好用餐礼仪对我们来说尤为重要。

首先，外出用餐尤其是赴宴或聚餐时，女人应适度地修饰一下自己，做到仪容整洁、优雅。如果没有任何修饰，仪容不洁、着装不雅地去赴宴，会被别人认为不尊重主人，也会破坏你在别人心中的印象。

其次，女人在应邀赴宴和参加聚餐时，一定要按时抵达约定地点。有些人怕迟到了，可能会提前很早就出发，其实严格地来说，过早或过晚抵达都是失礼的表现。如果太早到达，主人可能还没有做好准备，就会措手不及；如果迟到了，大家都坐着等你，甚至还会打乱别人的计划，大家也会对你产生不好的印象。另外，如果没有特别的原因，最好不要提前离席。

再次，在比较正式的用餐活动中，女人一定要明白自己应坐的席位，按照指定的桌次、位次就座。如果没有指定位置，要遵从主人的安排就座，要谦让别人，切忌争先恐后，不守座次。

最后，大部分聚餐的主要目的是与人交往，所以要注意和别人适当地进行交流。可以问候一下主人，和老朋友联络一下感情，并争取认识一些新的朋友。不要一言不发，给人留下格格不入、专为吃喝而来的不好印象。

交际思语

吃中餐时，要想表现得优雅得体，知道入座的礼仪也是有必要的。一般来说，圆桌正对大门即离入口最远的座位是上座，是主客位，最靠近大门入口的座位是下座，右为上，左为下。

【测一测】从装饰物测你的自信来源

终于可以入住新屋了，你邀请好朋友来做客，可朋友们都觉得你的墙壁留一大片空白不太美观，提议挂些东西，这时候你会选择什么样的装饰物呢？

A. 艺术画廊买回来的仿真品

B. 自己与朋友们亲手制作的照片墙

C. 跳蚤市场买回来的复古挂钟

测试结果：

选 A

你具有一定的艺术细胞，能好好安排自己的生活，做一个健康、有品位的人。你的自信来源于朋友对你的信任，朋友觉得你可靠信赖，你也不负众望，只要是家人或是朋友提出的要求，你通常都会一一满足。

选 B

你动手能力强，喜欢手工制作，而且享受辛勤劳动获得成果的那种成就感。你的自信来自别人对你的肯定，你希望自己的人生能够过得无忧无虑，良好的家庭环境还有高学历，都是你的自信来源，你希望家人和朋友们都能拥有像童话故事里一般的幸福生活。

选 C

你本身对自己就很有信心，因此总是向别人表现自己的工作能力，在工作中显得雄心勃勃，希望闯出自己的一片新天地。很多本来讨厌你的人也会被你的毅力折服，向你投以欣赏赞许的目光。虽然你有时候不修边幅，甚至举止粗鲁，但那是你最真实的一面，你不会掩饰内心的狂野，对最亲密的人会表现出自己的真实形象。

第四章

用内在品格俘获别人的心

"心灵美比外表美美丽，外表美只不过是外表，心灵美虽然看不见，但可以感受到。"要想拥有优质的人际关系，女人必须完善自己，注重内在。世界瞬息万变，而女人的内在美会随着时间的流逝而愈发闪现出智慧与美德的光辉。或许女人的外在表现能决定一段关系的开始，但真正能决定结局的，一定是女人的内在。

"雪中送炭"胜过"锦上添花"

人家帮我，永志不忘；我帮人家，莫记心上。

——华罗庚

"锦上添花"是说在华丽的锦缎上绣花，即美上添美。通常情况下，大多数人都喜欢锦上添花。毕竟，在好的事情面前多一句赞美，说几句顺风话，实在是一种简单又便捷的人情交际。

但是，当你心想事成、春风得意的时候，别人给你几句赞美和支持，你会心存多少感激？可能更多的是怀疑别人对你别有用心或者有求于你。反之，当你命运不济、英雄气短的时候，别人给你的哪怕是少许的温暖和支持，你都会感激涕零，感恩戴德。所以人们总是感叹："雪中送炭君子少，锦上添花小人多。"

老王是一家小商品贸易公司的总经理，每天他都生活在周围人的奉承和讨好中，公司的员工对他言听计从，这让他很有成就感。

但是有一次，老王错信了朋友的建议，导致投资失利，公司面临破产的危机。遇到这样的事，公司一下子乱成一团，很多曾经信誓旦旦、忠心耿耿的老员工纷纷提出辞职。

这时，老王最不待见的一个女员工朵拉却站了出来，这个朵拉平时见了老王也不说恭维的话，甚至还敢提出公司不足的地方，经常惹怒老王。

朵拉知道公司现在的情况后，不仅没有产生离开公司的念头，反而积极鼓励老王重新振作起来，还主动说服其他员工留下来，告诉大家这次事情对老王来说是一个不小的打击，如果所有的员工都走了，那么老王和同事们几年来的心血就全白费了。

在朵拉的坚持下，老王产生了强大的信心和精神动力，为了不让大家失望，老王带领大家拼命地拯救公司，经过几个月的努力后，公司终于走上了正常运转的道路。

从这以后，朵拉成了老王最信任的员工，她的职场之路也平步青云。

其实，如果老王不是身处十分困难的境遇，那么朵拉是去是留根本不会引起老王的重视。公司正常运转的时候，朵拉就算一样尽职尽责地工作，老王也未必会感念她对公司的贡献，更不会把她当成自己人。

所以，只有知道一个人真正需要什么，并且在他最需要的时候给予帮助，别人才会对你的帮助感激不尽，甚至终生不忘。人们的满意程度是根据不同的需求层次而产生差异的，聪明的女人懂得这一点，并善于利用自己细腻的心思去留意周围的人，留意他人的情绪是好是坏，留意他人的现状是处于低谷还是高峰。

对于那些失意的人，不能用刻薄尖酸的言语去打击他们，否则势必会被深深地记恨，聪明的女人懂得去帮助处于困境的人，这样别人才会把她当成自己人。

很多人喜欢看电视剧《甄嬛传》。里面有一段讲到安陵容的嗓子坏了，屋里也没有好炭火，贞嫔和康常在还一通吵闹羞辱，极尽落井下石之能事。这个时候，皇后就派剪秋给安陵容送去炭火和棉被过冬。剪秋回来后，皇后说："锦上添花有什么意思，雪中送炭才让人记得好处呢。"此后安陵容对皇后更是唯命是从。

虽然这只是电视剧情，却把"雪中送炭"的奥义展现得淋漓尽致。记得李嘉诚说过一句话："我从不喜欢锦上添花，我只会雪中送炭。做一个雪中送炭的人，交所有雪中送炭的朋友。"一个人的力量是很难应付生活中无边的苦难的，尤其是女人，所以，女人需要别人的帮助，女人更要帮助别人。滴水之恩，当涌泉相报，只有你先付出精力去关心别人，帮助别人，才能在关键时刻获得别人的帮助。

韩大姐是一名下岗女工，丈夫因病去世后，她便带着女儿在镇子的批发市场边上开了一个小饭馆，勉强度日。

饭馆刚开张的时候，经营惨淡，韩大姐靠亲戚朋友和街坊邻居的关照才能勉强维持。后来，因为热情公道、忠厚老实，韩大姐慢慢有了回头客，饭馆的生意终于一天天好了起来。

然而，时间长了，每到午饭的时间，镇上的乞丐就开始陆陆续续光顾这个饭馆，韩大姐也不撵他们，每次都笑着给他们的饭盆里盛满热菜热饭。店里的客人对韩大姐说："把他们撵走吧，他们都跟狗皮膏药似的，不能可怜他们。"韩大姐却总是笑着说："算了，谁还没个难处，但凡有办法，也没人愿意出来要着吃。"

日子一天天过去了，有一天深夜，批发市场的电路老化，引发了一场大火，火势蔓延，眼看就烧到小饭馆了，韩大姐孤零零地望着就要被大火吞噬的小店，还有新添置的冰箱、彩电、燃气灶，心急如焚。

这时，只见那些平日里来乞讨的乞丐们不知从哪里冒了出来，他们不顾熊熊燃烧的大火，抬出了韩大姐的冰箱、彩电、燃气灶，还有她的一应财物。消防车赶到后，乞丐们就撤离了。韩大姐清点了一下，由于抢救及时，她的饭馆只遭受了很小的损失。因为这件事情，韩大姐的事迹广为流传，新开的饭馆生意也愈发红火起来。

人在社会中与他人有着千丝万缕的联系，没有人可以独立存在，你的一言一行、一举一动，无不对他人和自己产生着或大或小的影响。当你在别人危困之际伸出援助之手时，别人必定会对你心存感激，好人缘自然就会慢慢积攒起来。比起锦上添花，雪中送炭既可以帮助别人、帮助自己，又可以收获好人缘，女人们又何乐而不为呢？

君子周急，而不济富，雪中送炭，恰到好处。不过，帮助了别人也不必时时刻刻把这份恩情记在心上，等着别人赶紧回报你，只有超脱淡然，真正以助人为乐，才是女人的内在美，才能获得真正的好人缘。

交际思语

人的一生不可能总是一帆风顺的，在面临困难和遇到挫折时，人们最需要的就是他人的帮助，这种"雪中送炭"的情谊会让人记忆一生。

做自带"Wi-Fi"的独立女人

女人跟男人一样的也是人，也是独立的人。女人有拒绝大男人沙文主义的权利，有拒绝当男人附件的权利，有拒绝被男人骑到头上屙屎撒尿的权利，有主动提出离婚的权利。

——柏杨

生活中你会遇到这样的女人，她们每天面带微笑，不管走到哪里，身边都会有人和她相伴；不管朋友们要去做什么，总是有人会想到叫上她，不管大家要商讨什么决定，也总会有人询问她的意见。这种女人的身上就好像自带无线 Wi-Fi，让人们无形之中总想围绕在她身边。

总结下来你会发现，拥有如此魅力的往往是独立的女人。对于女人，独立并不只是代表一种存在状态，也不是说要女人都变成女强人或者做与男人无关的、不要爱情、不要婚姻的独身女人，而是指女人应该具有独立的选择、独立的思想、独立的自尊和人格、独立的事业和经济基础等。

小玲在大学时是声名远播的舞蹈系美女，不仅长相出众，能力也很出众，大学毕业后就创办了自己的舞蹈工作室。后来在一次聚会中，小玲认识了阿强，阿强过五关斩六将，终于把小玲追到了手。

结婚后，阿强一改谈恋爱时的态度，对小玲开始冷言冷语，并且反对她再把舞蹈工作室开下去，本着"出嫁从夫"的观念，小玲关闭了工作室，开始做全职太太，她承担了家里所有的家务活，全心全意支持阿强的事业。

十几年过去了，阿强的公司终于有了起色，小玲心想，这下熬出头了，可以发展一些自己的兴趣爱好了。可是，正当她展开幻想的时候，阿强却提出了离婚，说自己喜欢上了别人，对小玲早就没有感情了。

很长一段时间，小玲躲在父母那里以泪洗面，甚至有了轻生的念头。后来，在家人的劝说下，小玲尝试着从失败的婚姻中走出来。她重新创办舞蹈工作室，和断了联系的朋友重新联系，空闲时间带着家人出去旅游散心。没过多久，小玲就把过去的伤痛淡忘了，她身边围绕着欣赏她、仰慕她的朋友，也买了属于自己的房子和车，生活每天都过得丰富多彩，小玲感觉终于找回了自我。

有些女人正是由于胆小怕事，不管在生活中还是在社会关系中，总是习惯于依附别人，才会给人一种诚惶诚恐、没有主见、不可信赖的感觉。这样的女人一旦遇到困难，第一反应就是惊慌失措，在不断地问自己"我能行吗"之后，转而求助于别人，然后在别人的帮助下解决燃眉之急。

德国诗人歌德曾经说过："谁不能主宰自己，谁就永远是一个奴隶。"女人只有具备独立自主的人格，才不会沦为他人意志的奴隶，才会进一步收获独立而长久的人际关系。如果在社会关系中进行比较的话，习惯于依附别人的女人和习惯于独立自主的女人之间，无疑是后者更具自我价值，也更富有魅力。

女性朋友要想成为独立自主的魅力女人，可以试着从下面几点入手。

1. 经济上保持独立

女人要想独立，第一件要做的事就是经济独立。经济基础决定上层建筑，如果经济不独立，思想和人格上的独立就只能是一句空话。现代社会，女人拥有和男人基本平等的寻求经济独立的权利，因此，女人大可不必依附别人来获得经济保障，否则女人不仅是丧失了经济上的独立，更重要的是丧失了人格和尊严。

2. 人格上学会独立

独立的女人，应该具有独立的人格。俗话说"江山易改，本性难移"，这里的"秉性"就是指人格。很多女人缺乏独立的人格，遇见事情容易自乱阵脚，转而寻求别人的帮助，容易对别人形成依赖，当无法依赖别人时，则会产生深深的无力感。这样的女人可以从小事做起，尝试着自己拿主意，学会依赖自己，唯有如此，才可以成为别人的依赖，进而在人际交往中让别人产生信任感。

3. 思想上坚持独立

每个人都有属于自己的思维方式，作为一个独立的女人，应该拥有独立的、不被别人左右的思想。既不必凡事都过问别人，也不必因为别人的否定意见而轻易改变自己，要有一定的想法和判断力，并能勇敢坚持自己的判断。

对人们来说，独立自主既是生存的需要，也是展现个人魅力的途径，不管在任何时候，只有依靠自己才能创造属于自己的幸福人生，进而给别人带来可依赖感。别人的帮助都是暂时的，女人只有抛弃"弱小"的外衣，才能走上真正独立的坦途，并成为受人欢迎的"不拖别人后腿，有独到见解"的独立女人。

交际思语

女人应该有自己的事业，然后才会有经济上的独立，有事业的女人通常拥有美丽的外表和不俗的气质。这样，即便有一天你被背弃，你也依然可以活得很精彩。

用真诚告诉别人，你是"自己人"

> 一个真诚正直的女子是一种隐藏的财富，她的存在带来巨大的好处且毫不自矜。
>
> ——[法]拉罗什福科

"自己人"是指对方把你与他归为同一类型或同一阵营的人。当自己人提出某些观点时，我们会更信赖、更容易接受，这就是心理学上的"自己人效应"。

俗话说："是自己人，什么都好说；不是自己人，一切按规矩来。""自己人效应"在日常生活中的运用是很广泛的。面对同样一个观点，如果对方把你当成自己人，那么你的观点就会很容易被接受；相反，如果你是对方所讨厌的，那么对方就会本能地对你的观点产生抵制和抗拒。

女人应该懂得将"自己人效应"广泛应用到生活中来。在人际交往中，女人和女人之间总是会有更多的共同话题，而且女人自身具备的亲切感会在很大程度上消除别人的戒备，因此就更容易找到那些和自己的人生价值、思想观念相近的人，成为对方的自己人。

李倩永远忘不了那天面试时的情景。

那天，李倩拘谨地坐在面试官的对面，额头上慢慢渗出密密的汗。她自以为头天晚上已经把面试的准备工作做得差不多了，没想到千算万算，没算准面试官是个"随意派"，他侃侃而谈，洒脱随性，根本没有翻看李倩的简历。面对面试官随性的提问，李倩深感绝望，她围绕简历所做的准备根本用不上。

李倩观察着面试官的表情，她已经预感到自己通不过这次面试了，但是这份工作能带来的丰厚收入，李倩不想轻易放弃。于是，在面试即将结束的时候，李倩故作镇定地问面试官："请问我能和您交换下名片吗？"

面试官明显地愣了一下，但因为是女士的要求，还是礼貌地互换了名片。

当天下午，李倩拨出了那个关系自己前途的电话，她撒了一个善意的谎："很抱歉，我今天的表现很糟糕，其实面试之前我已经参加了另外一个公司的面试，非常顺利，我以为我第二天就要去那家公司上班了，所以您问我问题的时候，我有些漫不经心，但是通过这次面试，我彻底为您的魅力和风采所折服，我现在就想在您手下好好做事！"

听到电话那端传来爽朗的笑声，李倩继续说："我认真考虑了一番，好公司不如好老板，我真心想当您的徒弟，为公司服务。"

两个人随意地聊了起来，在轻松的沟通中，面试官发现李倩也确实很有能力，一周以后，李倩踏入了她梦寐以求的公司。

在上述案例中，面试官一边面对竞争公司抢夺人才的压力，一边感受到李倩有表达想成为自己人的强烈意愿，并在电话中给予了新的考量，最终做出了让自己人尽快上岗的决定，可以说是自己人效应在职场上的生动体现。

那么，自己人效应是如何产生的呢？一般来说，在空间距离较近、接触机会较多的两个人之间会产生自己人效应。因为在这种情况下，两个人更容易发现彼此之间的相似性，从而增加互相之间的好感，成为自己人。

既然自己人效应能消除对方的戒备，让对方更容易接受你的观点和看法，甚至给你提供帮助，那么无论是在生活中还是在工作中，这种自己人都是多多益善的。女人要想在人际交往中制造自己人效应，可以参考以下几点。

1. 强调双方一致的地方

在日常生活中，女人应该懂得强调双方一致的地方，使对方认为你是自己人。比如，如果你有求于人，可以主动跟对方一些沟通交流，通过了解对方的个人经历、生活喜好等，找到你们的共同点。然后在后续交流中，要着重强调或者暗示你们之间的共同点，直到对方把你归为自己人那一类时，你们之间产生共鸣也就是顺理成章的事了。

2. 给人以可信度

所谓可信度，是指在他人看来，你的言行的可信程度。在人际交往中，你的话必须让人听起来真诚、可信、中肯，这样才能增加你说话的可信度。人们一般都喜欢真诚、热情、友好的人，这样的人也更容易得到别人的信任，成为自己人。

3. 努力使双方处于平等的地位

女人在交际过程中，还要努力使自己和对方处于一个平等的位置，这样可以缩短双方的心理距离，赢得对方的喜爱。人际交往的过程也是角色互动的过程，动辄摆出一副居高临下的姿态，就很难互动起来，别人也难以喜欢你，更不会把你视为自己人。

女人还要注重交往中的用语问题，有时候语言表达不仅仅是一个形式问题。比如，你在某个场合讲话，说了一句"希望诸位朋友献计献策"，这其实就是以领导者的身份自居了，而没有拿出平等的态度，在心理上对在座的人也不尊重。可以将其改成"我们一起商量"，这就彰显了大家的平等地位。因此，人际交往中的用语问题不仅能代表平等与否，还能显示出是否是自己人。

4. 拥有良好的个性品质

社会心理学家指出，人的内在品质是产生持久吸引力的关键，而有些人的性格特征会阻碍人与人之间的吸引，不利于自己人效应的产生与发展。通常情况下，人们都喜欢开朗、坦率、真诚、大度的人，讨厌自私、奸诈、冷酷的人。也就是说，女人要想结交更多的自己人，就要修炼好自己的内在品性，这样才能提高自己的亲和力和魅力，从而获得好人缘。

交际思语

　　林肯曾经引用一句古老的格言，说过一段关于"自己人效应"颇为精彩的话，他说："一滴蜜比一加仑胆汁能够捕到更多的苍蝇，人心也是如此。假如你要别人同意你的原则，就先使他相信你是他的忠实朋友，即'自己人'。用一滴蜜去赢得他的心，你就能使他走在理智的大道上。"

多一点关心，把别人放心上

> 真诚的关心，让人心里那股高兴劲儿就跟清晨的小鸟迎着春天的朝阳一样。
>
> ——［苏］高尔基

孟子说过："爱人者，人恒爱之；敬人者，人恒敬之。"在社会交际中，懂得随时把心中最真诚的关怀带给大家，团结互助，这才是智慧女人处理人际关系的要诀。

"各人自扫门前雪，莫管他人瓦上霜""事不关己，高高挂起"，这些思想被不少人奉为社会竞争的必胜法则，结果却造成了越来越疏远的人际关系。

人是有感情的动物，即使我们一直在强调理性、逻辑，也不应该忽视感情。在与人交流时，如果你想和别人成功建立亲密关系，就要考虑到别人的感情，而关心别人正是打动对方感情的最佳方式。

成功学大师拿破仑·希尔曾经说过："你以怎样的态度对待别人，别人也会以怎样的态度对待你。"女人大多会觉得自己很重要，也希望被别人认为很重要。但是女人经常忘了一点，那就是别人也需要被重视的感觉。这就导致你轻视别人，别人也不会把你放心上，对你的一切都漠不关心。反之，当你重视一个人时，对方恰恰也会报以同样的态度。

安吉尔是一家公司的销售主管，由于上个季度她所属部门的业务销售总额比同级部门多出了两倍还多，公司老板非常高兴，不但按照规定给了安吉尔业绩提成，还组织了一次表彰大会，将安吉尔推升为大家的榜样，以此激励公司员工的积极性。

在表彰大会上，老板要求安吉尔跟大家分享她的经验和心得。

安吉尔推辞了一番后，上台说了这样一段话："能取得这样的成绩，不仅仅是我一个人的功劳，这跟我们部门每一个人的努力都是分不开的。在上个季度中，大家辛苦工作，我知道很多人为了提高部门业绩，连续加了一个多月的班，还有的同事连续出差，家属都为此和他大吵了一架。我只是带着大家一起去做一件大家认可的事情，所以，如果说是表彰大会，那我们部门的每一个人都应该被表彰。"

听了安吉尔的话，大家给予了雷鸣般的掌声，下面坐着的安吉尔部门的同事更是流下了感动的泪水。

会后，安吉尔将自己的奖金按每个人的销售业绩分给了她部门的同事，鼓励大家再接再厉，以取得更好的成绩。从这以后，公司很多人都想调到安吉尔的部门，她在公司里也收获了大家的尊重、喜爱，拥有了让人羡慕的好人缘。

生活中的很多问题都是一方不把另一方放在心上或者双方之间漠不关心而引起的，两个彼此轻视的人很容易产生隔阂，种种仇恨和敌意往往也会因此而起，从而会给人带来数不清的麻烦。

关心对方，为对方的高兴而高兴，激励对方展现出最好的一面，那么对方一定会对你产生好感，因为没有人会讨厌一个喜欢自己、尊重自己的人。

那么，如何让对方产生被重视的感觉呢？除了真诚地表达自己的关心之外，女人还可以采用一些让人产生好感的方法。比如关心对方的事，关心他的健康、利益等；表达你对他的欣赏，欣赏他的能力、他的风度、他的成就等，并在他成功时及时送上自己的祝贺；时刻关注对方，在他需要帮助的时候自然地帮上一把；等等。

当然，这一切都要建立在把对方放在心上的前提下，切不可像做生意一样赤裸裸地斤斤计较。如果没有真心实意在里面，你对别人的"关心"只能算是虚情假意，你辛苦建立的交情也不会长久维持下去。

有一个女房东，她把自己的院子分租给了好几家外来打工的人，自己住在不远的一栋独栋房子里。每个月女房东都会按时上门挨家挨户收取房租，有时候有的人家手头紧，不能按时交房租，女房东就会尖酸刻薄地讥笑租户，这让租她房子的人对她非常反感，平时大家见了她也都躲着走。

有一天下着大雪，租户李三突然敲响了她的家门。原来李三的孩子突然发高烧，李三急着送孩子去医院，但是手里又没钱，想来想去，附近认识的有钱人也就女房东一个了，便硬着头皮来跟她借钱。

那天恰逢女房东很高兴，给李三拿了五百块钱，大方地说："你拿去吧，不必还了。"李三接过钱就急匆匆地去院子里抱孩子，准备送孩子去医院。

没想到女房东追到院子里来，唯恐院子里的其他人听不见，对着李三的屋门口又喊了两遍："不用还了！"

第二天大清早，女房东推开自家的房门，发现自己屋前屋后的积雪都被人打扫过了，连车子也被擦拭得干干净净，她问了很多人才知道是李三做的。

女房东明白了，李三这是在用行动维护自己的尊严，果然，两天后，李三就将五百块钱还给了女房东。

把给别人的关怀变成施舍，也就是把对方当成了乞丐，每个人都希望能得到别人的尊重、关心、重视，却绝不稀罕别人施舍给自己。现实生活中，有很多人像故事中的女房东那样，帮了别人的忙，就觉得自己有恩于人，忙着四处散播，唯恐其他人不知道自己多么关心别人、照顾别人，实际上，这种做法是十分危险的，常常会造成非但没有增加自己的人缘，反而还引来别人厌恶的后果。

所以，女人要真诚地关心他人，不要让被关心的人觉得接受你的好意是一种负担，也不要勉为其难地关心他人，不要带着一种"我这是在帮你"的观念去照顾别人。女人要拿出自己的真诚，尽心尽力去关心别人，把别人放在心上，这样自然就可以收获别人的喜爱和关心，好人缘也就轻松被你收入囊中了。

🍷 交际思语 🍷

设身处地为他人着想，为别人出谋划策，让他人因为你的建议而获得收益、规避风险，能做到这些，你就能成为有影响力的人，在给他人带来帮助的同时也能收获好人缘。

没架子的女人最亲和

> 大殿的角石，并不高于那最低的基石。
>
> ——[黎] 纪伯伦

外表强悍、内心容易受伤，这是当今很多女人的真实写照。一些女人渴望建立融洽的人际关系，却又端着架子，不肯融入周围的人群中，她们浑身散发着一股冷淡的疏远气息，就像长满了刺的仙人掌，让人难以靠近。

端架子、摆脸色其实是女人在处理人际关系中的下下之策，冰冷的态度和强势的语气恰恰是女人缺乏能力的表现。没有人愿意看别人的脸色，没有人甘愿受别人的指使，这是人的天性。

在人际交往中，女人应该发挥自己温柔、亲切的优势，无论你多么成功，多么要强，都不要端着架子示人，在任何情况下，一副冷冰冰的面孔都不如和颜悦色来得更让人舒服。如果女人一味地持强势的态度，那么不但不会建立好的人际关系，反而会令自己陷入孤军奋战的境地。

江兰是一家工程公司的安全检查员，她主要负责检查工程的质量和安全问题。检查工地上的工人是否戴了安全帽也是江兰的工作内容之一。

刚开始的时候，每当江兰看到没有按规定戴安全帽的工人，就会立即批评他们："怎么又不戴安全帽啊？你这样很危险知不知道？你这样不仅是对自己的生命不负责任，也是对你的家人不负责任。"说完，江兰还要命令工人立刻戴上安全帽。

但是，江兰的做法收效甚微，工地上的工人每次看到江兰过来了，就赶紧戴上安全帽，江兰一走，工人们便会把安全帽再摘下来。

江兰将这件事上报给了经理，经理听了却笑着说："如果我是工人，每天干活那么累，还要听你命令，我心里也不舒服，我也不戴。"

江兰意识到自己的做法可能不合适，她决定换一种方法试试。当她再遇到没有戴安全帽的工人时，就微笑着亲切地询问对方："是不是你这顶安全帽戴着不舒服啊？大小合适吗？不合适我给你调换一个，安全帽还是要戴的，安全第一，对吧？"

出乎意料的是，这次江兰的做法收到了很好的效果，工地上的工人都自觉戴上了安全帽。

江兰前后两种做法收到了工人们截然相反的两种反应，从心理学的角度来看，这是人们对于指使、命令的排斥作用使然。这种作用在我们身上也同样存在，比如，当别人试图说服我们的时候经常会说："你应该这么做……""你这么想才是正确的……"我们听到这样的话，会有一种被别人指使的感觉，这时，就算对方的建议很有道理，我们也会从内心生出一种抗拒感。

人们都乐于表现自我，有时候，即使我们并不具备某种权威，我们也会时常在不经意间对别人使用指使或者命令的口吻，对于成功女人来说，端架子的现象就更常见了。

面对下属，很多女上司会采用一种居高临下的姿态进行说教、指导。其实，作为女人，你如果端起了架子，就等于手中握上了一把"双刃剑"，无论在工作中还是在生活中，你强势的态度不仅很容易伤害别人，也会伤害到自己，从而给你的人际关系带来不必要的麻烦。

对于女人而言，用人之策应该是利用自己的人格魅力，对别人晓之以理，动之以情。很多时候，一个女人维护了别人的尊严，也就等于是维护了自己的利益。

通常情况下，即便双方是路人，人们也希望别人问路的时候能客气地说："您好，我遇到了一个麻烦，请问您知道××怎么走吗？"而不是冷冷地问道："喂，到××怎么走？"故而女人更应该放下自己的架子，亲和地对待身边的人。

在实际生活中，女人可以采用各种有效的技巧来让自己显得亲切、不端着架子，比如用建议来代替对别人的指使，用商量来代替独断，用请求来代替颐指气使，等等。只要从心底里放下架子，温柔待人，那么你不但会得到良好的建议，还会赢得人心，赢得周围人的信任与尊敬。

交际思语

对于女性朋友而言，不管身份、背景、资历如何，都要放下架子，平等地与人交谈，切忌给人高高在上的感觉。

【测一测】你身边的无效社交有多少

1. 你比较喜欢哪种口味的食物？

   辣味——去第 2 题

   甜味——去第 3 题

   酸味——去第 4 题

2. 你喜欢拍什么样的照片？

   文艺范的——去第 4 题

   搞笑的——去第 3 题

   可爱清新的——去第 5 题

3. 你最喜欢哪种舞蹈？

   街舞——去第 5 题

   现代舞——去第 6 题

   交际舞——去第 4 题

4. 比起日韩剧更喜欢看欧美剧吗？

   是的——去第 5 题

   不是——去第 6 题

   还好——去第 7 题

5. 经常觉得国产剧的剧情很狗血吗？

   是的——去第 6 题

   不是——去第 8 题

   还好——去第 7 题

6. 经常关注娱乐动态吗？

   是的——去第 7 题

   不是——去第 8 题

还好——A

7. 基本上欣赏不了歌剧或交响乐吗？

是的——去第 8 题

不是——去第 9 题

还好——去第 10 题

8. 不喜欢与人同行吗？

是的——A

不是——B

还好——去第 9 题

9. 一天不上网，便会觉得无聊到难受吗？

是的——C

不是——D

还好——A

10. 你喜欢看娱乐节目消磨时间吗？

是的——C

不是——D

还好——B

测试结果：

A. 无效社交占你的社交的80%

你非常会为朋友着想，因为很喜欢交朋友，所以你会来者不拒，而且你会因为没有满足朋友的要求而产生内疚感。为了让自己内心安宁，你会对朋友倾力付出，于是你的有求必应就会引来很多来者不善的酒肉朋友。

B. 无效社交占你的社交的60%

你很怕寂寞，因此喜欢往热闹的地方钻，而且你不管在什么场所交朋友，都会真心相对，这样很容易被居心不良的人利用。

C. 无效社交占你的社交的70%

你不会挑朋友，任何一个朋友在你眼中都是好朋友，你容易在观念上摇摆不定，即使对方是损友，可是如果对方说服力够强的话，你就会认同对方，而且会大力地支持对方，这时候就很容易被朋友连累了。

D. 无效社交占你的社交的90%

你的朋友三教九流，什么样的都有，你认为人是很有趣的动物，每个人都是一本书，所以多认识一些人有何不可，于是不知不觉中，你的朋友就鱼龙混杂，而且你又很喜欢干涉对方的生活，你并不觉得对方的缺点会伤害到自己。

第五章

女人嘴上多抹蜜，别人才能不挑剔

嘴甜的女人是最聪明的。会说话的女人总是能诱惑别人对她们不得不帮、不得不爱。在这个竞争激烈、快节奏的社会中，卓越的口才早已成了女人在交际中无往不胜的重要砝码。

打破尴尬，和陌生人亲切交谈

一个永远不欣赏别人的人，也就是一个永远也不被别人欣赏的人。

——汪国真

我们在社会交往中留下的第一印象往往会对以后的交往关系产生重要的影响，也就是所谓的"先入为主"，这是美国心理学家洛钦斯提出的"首因效应"。实际上，无论在什么场合，第一印象对每个人而言都很重要，纵然这种第一印象并不一定是完全正确的，但却是最鲜明、最牢固的。

对于女人而言，如果和陌生人初次见面就能愉悦、顺利地交流，并且带给别人亲切、温暖的感觉，那么就会快速消除陌生感，并给对方留下良好的印象；反之，如果你在第一次见面时就以冷淡和躲避对方开场，那么即便今后两个人有不得不接触的理由再次碰面，之前尴尬的冷淡气氛也会笼罩着你们，挥之不去，更为严重的，对方甚至会产生心理上的反感和抵触情绪，进而严重影响双方今后的交际关系。

方可的单位新来了一位俄罗斯的技术支持工程师，方可很想认识对方，但又担心自己不会说俄语，会有语言不通的问题。有一次，方可因为工作需要，要去找和这个俄罗斯工程师在同一个办公室的同事小林，敲开门后她发现小林不在，面对俄罗斯同事，方可眼神躲躲闪闪，嘴里不停地重复"小林，小林”。

俄罗斯同事听了方可的话，明白她是要找小林，礼貌地用英语告诉她小林不在，请她一会儿再来。事后，和小林聊起此事，这个俄罗斯同事很生气地说："中国女人都这么没礼貌吗？"显然他不仅对方可印象很差，还连带地对其余的女性产生了偏见。

在这个案例中，其实方可只需要用英语问候一句"Hello，how are you"，就可以轻松地完成交谈的开场白，并且让对方感受到积极、主动、大方的态度。当同事接收到方可的问候时，定然会予以回应，乐意和她交谈下去，也就不会对她产生如此恶劣的第一印象了。

中国俗语中有"先发制人""新官上任三把火"等说法，说的都是掌握先机、利用首因效应创造有利于自己局面的案例。当不同的信息聚集在一起时，人们总是倾向于关注位置靠前的信息，这也从另一方面说明了第一印象的重要性。

由此可见，要想和陌生人打破尴尬，给对方留下良好的第一印象，初次对话很重要，我们一定要把握好。下面有几种具体的技巧和方法，女性朋友们不妨试试。

1. 主动热情地介绍自己，问候对方

聊天看起来是再寻常不过的事情，但其中却隐藏着丰富的信息和讯号。在和陌生人初次见面时，除了要选择合适的语句和表达方式之外，主动热情、善良友爱的态度也同样重要。因此，和陌生人谈话时，面带笑容地介绍自己可以打消对方的疑虑，让别人产生安全感；而"你好""很高兴认识你"等积极大方的问候则可以传达给对方热情的态度，能轻松拉近彼此间的距离。

2. 寻找双方的共同点，制造话题

陌生人初次见面，彼此都不熟悉，难免会产生尴尬和冷场的现象，"救场如救火"，这时抛出一个能让双方都感兴趣的话题，不仅能轻松打破尴尬气氛，还能促进彼此的了解。交谈中，不妨试着寻找双方的共同点，比如通过说话的口音来判断对方是否和自己来自同一个地方，通过穿着打扮判断是否有共同的喜好等。

3. 适度地赞美别人

千万不要低估赞美的力量。优雅的女人从来不会吝惜赞美，因为赞美是你送给对方最温柔动人的一份礼物，也是拉近你和别人距离的强力融合剂。

4. 用饱满的热烈响应对方的言谈

如果对方开了一个玩笑，即使不好笑，也应努力大笑。如果对方提供了惊人的信息，那么你最好表现出惊讶的表情来。这样，就会使你们彼此增加互动，加深了解。

小欣刚入职公司就有一批款项要报销，她听说公司的财务郭姐脾气不太好，每天都要处理琐碎的账务，还要负责公司的大小事宜，工作枯燥而忙碌，确实很难拥有美丽的心情。小欣暗暗对自己说："我一定要和她愉快融洽地相处。"

小欣在去财务室时一直在想：第一次见面，郭姐一定不会对我感兴趣，但郭姐肯定会关心她自己啊！那么，她有没有什么值得我真心赞美的地方呢？

见到郭姐，小欣递过去报销凭据后，仔细地观察起了对方，很快她就发现了对方身上的亮点。就在郭姐处理手头账款的时候，小欣热情地对她说："真希望我的手也能像您的手这么漂亮。"

郭姐抬起头来看着小欣，显然她很惊讶，但很快她就露出了高兴的神色，伸出自己的手说："可惜没有以前好了。"小欣连忙诚恳地对她说："哪有，您这双手纤长匀称，不出去代言护手霜广告都可惜了。"

郭姐显得非常高兴，和小欣热情地聊了起来，她开心地跟小欣说："有好多人都说我的手好看。"

虽然赞美是一剂拉近与陌生人之间距离的良药，但是用得不好，也会变成"毒药"。首先，你要找到对方身上真正的闪光点，而不是一味地胡乱赞美，那样反而可能引起对方的反感；其次，赞美别人也要掌握好分寸，不要过于阿谀奉承、夸大其词。所以，开口前我们一定要掌握好分寸，量体裁衣。

总之，初次见面，只要你带着真诚热情的心，把握好和陌生人交谈的技巧，就能很快打破尴尬的僵局，给别人亲切、舒适的第一印象。需要注意的是，在和陌生人谈话时，最好不要涉及收入、婚姻状况、家庭生活等比较隐秘的个人问题，以免让对方产生戒备、厌恶的情绪，而你辛苦营造出的温馨气氛也难免会再次变得尴尬了。

🍷 交际思语 🍷

"首因效应"提醒女人：第一次见面时人们往往会通过你的发型、服饰、声音、动作等审视、评判你，以此决定你在他心目中的形象。

背后夸奖有奇效

再纯正的少女也爱听人们赞扬她的脸蛋，再贞洁的姑娘也不会不关心自己的美貌，并为此而沾沾自喜。

——[古罗马]奥维德

　　每个人都喜欢被赞美，这是人的天性。赞美别人是一种美德，是高素质的体现。而且，赞美是最廉价也是最珍贵的，既不用花费分文，可以张口就来，又能带给别人幸福感，让沟通达到事半功倍的效果，让你在不知不觉中就能收获好人缘。

　　伯利恒钢铁公司的创始人查尔斯·施瓦布曾经说过一段振聋发聩的话："我想，我天生具有引发人们热忱的能力，促使人将自身能力发挥至极限的最好办法就是赞赏和鼓励。来自长辈或上司的批评最容易打击一个人的志气。我从不批评他人，我相信奖励是使人工作的原动力。所以我喜欢赞美而讨厌吹毛求疵。如果说我喜欢什么，那就是真诚、慷慨地赞美他人！"

　　这是施瓦布成功的秘诀，这秘诀也适用于其他人，因为每一个人都渴望别人赞美自己，会在被赞美时笑逐颜开、心花怒放。

　　有一个广为流传的故事将这一点体现得淋漓尽致：

　　清朝时期，有一个官吏准备去外省任职，离职前，他特地去跟他的老师告别。

他的老师告诫他说："外省的官可不好做，你得谨慎一些才好。"这个人听了笑着说："老师，您就放心吧，我这次出发准备了一百顶高帽，逢人就送一顶，应当不会有相处不愉快的事情发生。"

老师听了很生气，他自诩清高，最看不惯阿谀奉承之辈，因此严厉地指责道："我们应当忠厚正直地对待别人，怎么能像你这样呢？"

这个人毕恭毕敬地回答道："是啊，可是天底下像老师这样不爱戴高帽的人，能有几个啊？"

老师听了点点头说："你的话也不是没有见识。"

这个人从老师家里出来之后，跟别人说："我准备的一百顶高帽，现在只剩下九十九顶了。"

赞美对每一个人而言都是珍贵的礼物，智慧的女人明白这个道理，因此也就不会吝惜自己的赞美。但是看看我们周围，你会发现有很多女人并不愿意赞美他人。这是为什么呢？通常情况下，究其心理，主要有这样两个原因。

1. 由自卑或者自负而形成的自我麻痹心理

女人天生就是敏感的生物，面对外界，经常会有不自信或过于自信的情况出现。遇到比自己优秀的人，自卑的女人会觉得自己不如对方，如果赞美别人，那就是变相在贬低自己；而自负的女人则会觉得赞美别人就是对自己尊严的损害，因而选择对他人的长处视而不见，以此来麻痹自己。

2. 害怕别人认为自己有所企图而产生的逃避心理

有的女人在听到别人赞美自己时，心里一边飘飘然，一边却在暗暗警惕、提防着——为什么这个人要这么卖力地讨好我？这个人有什么目的？夸奖的话恐怕没有几分是可信的吧？因此，在这样的同理心之下，很多女人宁愿选择沉默也不愿去赞美别人。

其实，赞美的方式有很多种，要想不着痕迹、真诚自然地赞美别人，让对方消除戒心，背后赞美可以说是最让人高兴、最有效果的。

当你欣赏一个人时，不当面去夸奖他，而是选择当事人不在场的情况，把夸奖他的话讲给熟悉他的第三者听，这就是背后赞美。过不了多久，当你的赞美之词传到当事人的耳朵里时，对方心里肯定会想："啊，原来在她心里我这么优秀，原来她这么欣赏我。"从而相信你的赞美是发自肺腑的，自然就会大大增加对你的好感。

我们都知道《红楼梦》中的林黛玉才情横溢、体态娇柔，但孤高冷艳、我行我素。

书中写到，有一次，史湘云和薛宝钗劝贾宝玉去做官，惹得贾宝玉大为反感，他当着史湘云等人的面夸赞起林黛玉来："林姑娘从来没有说过这些混账话！要是她说这些混账话，我早和她生分了。"

恰好此时林黛玉来到窗外，无意中听见贾宝玉说自己的好话，"不觉又惊又喜，又悲又叹"。结果，她和贾宝玉互诉衷肠，大大增进了彼此间的感情。

之所以有这样的效果，是因为在林黛玉看来，贾宝玉在湘云、宝钗和自己三个人中只赞美自己，而且他不知道自己会听到，这种无意的好话才是出自真心的。否则，如果贾宝玉是当着林黛玉的面说出这番话，那么以林黛玉好猜疑、小心眼的性格，大概只会觉得贾宝玉是在刻意讨好她。

有些人说，我背后赞美别人的话并不一定能传到当事人的耳中啊。其实，即便你背后的赞美不能被传到当事人的耳中，别人也会因为你在背后称赞别人而不是诋毁别人而对你更加尊重。另外，背后赞美也要发自肺腑，过于刻意地在第三者面前称赞别人反而显得做作。

孙洁在一家外企公司上班，在试用期期间，她所在小组的组长郑芳经常会利用职务之便让孙洁帮她分担工作，在一些小事上也经常为难孙洁。

试用期结束时，领导找孙洁谈话，了解她的工作情况。在谈到自己和单位同事的相处关系时，孙洁说："多亏了小组长郑芳，她帮我熟悉工作环境，在很多事情上给我锻炼的机会，我才能这么顺利地度过我的实习期。"

实际上，领导早就听说郑芳排挤新人的情况，所以故意抛出她和单位同事相处情况的问题，孙洁在背后没有抱怨和指责，反而夸赞了郑芳，从而获得了领导的青睐。半年后，孙洁顺利地替代郑芳，当上了组长。

可见，背后赞美比直接赞美更明智，更有效果，也更容易打动对方，因此，我们不妨在日常交际中加以借鉴。

比如，在同学聚会上，你遇到了事业有成的老同学，如果你直接赞美别人说："你现在这么有钱啦，真有能力啊！"别人可能觉得你是个没有内涵的人，搞不好还会误会你。而如果你换个角度说："听说你创业很成功，大家都说你能力强，百闻不如一见，果然如此，祝贺你啊！"这样用别人背后的赞美来带出你的夸奖，不但能满足对方的自豪感，也会让对方对你更有好感。

每个人或多或少都有虚荣心，当一个人的优点被更多的人知晓，当你夸奖他的话从别人的口中说出来时，他的荣誉感会得到满足，从而缩短你们之间的心理距离。如此一来，你们在沟通交流时会更加默契、和谐，你也会在不知不觉中收获好人缘。

🍷 交际思语 🍷

赞美别人一定要不显山不露水，否则不仅不会得到别人的肯定，还会惹人厌烦。比如，在赞美领导时，绝不能直接说"您很棒"之类的客套的赞美之词，而可以从某件领导做的事入手来称赞他。

于幽默中展现女人的智慧

> 幽默是具有智慧、教养和道德上优越感的表现。
>
> ——〔德〕恩格斯

如果说语言是连接心灵的桥梁，那么幽默便是桥上行驶速度最快的列车。它以智慧的形式闪现，并且以最迅捷的速度直抵人心。

对于一个女人而言，幽默感是尤为难能可贵的，拥有幽默的智慧，能够帮助女人摆脱生活中很多的尴尬和困境，化解棘手的矛盾，能够给别人带来一种轻松感和亲切感，使女人散发出迷人的魅力磁场，吸引周围的人向她靠拢，进而为女人赢得珍贵的友谊、和美的生活。

有一天，胡佳佳家里来了一位多年不见的老朋友，这位朋友曾是胡佳佳学生时代形影不离的闺蜜，如今她的儿子都已经六七岁了。韶华易逝，光阴荏苒，两个人不禁回忆起了学生时代的美好时光。

就在两个人聊得正高兴的时候，朋友家的那个健壮的小家伙却在不知不觉中爬上了胡佳佳的床，在上面连滚带翻、又蹦又跳，把整齐的床铺折腾得乱七八糟。

胡佳佳是一个特别爱整洁的人，她看到床铺的样子，真是看在眼里，疼在心上。但是她知道，如果直接把小家伙叫下来，未免有些太不留情面，她的老同学定然会觉得尴尬，自己也会不好意思。

突然，胡佳佳灵机一动，幽默地说道："小家伙，别在月球上跳了，快回到地球上来吧，那上面很危险！"

她的朋友听了，立刻心领神会，大笑着把儿子抱下了床。

这样的一个小幽默不仅解决了问题，也保住了老同学的面子，可谓两全其美。

既然幽默的作用这么巨大，那么我们就要问了，为什么大多数女性在公众场合中都表现得不太懂幽默呢？

其实，并不是女性缺乏幽默感，也不是她们不善于表达幽默，归根结底，是传统的思维模式禁锢了女性的幽默感。在传统文化的定位中，女性要表现得矜持、严肃、温柔，不能过于热情地展示自己。殊不知，女性这样过分严谨地束缚自己，只会让别人不知道该如何与你沟通，久而久之，人际关系自然也就疏离了。

事实上，女人在公众场合开玩笑并非就代表着随意、不自重、浅薄，恰恰相反，幽默的女人是智慧的，是自信的，是热爱生活的，这意味着她不仅聪明、机智，还拥有敢于自嘲的精神。

有一位很有名气的女歌手，举办了一场大型的个人演唱会。在谢幕的时候，这个女歌手还没走出去两步，就被脚边的麦克风电线绊倒了，眼看着她的形象一落千丈，一时间，台下喧哗声一片。

然而，在这关键时刻，女歌手并没有慌乱。她急中生智，淡定地站了起来，拿起话筒说："我是真的为大家的热情所倾倒了！"

顿时，台下的喧哗声一扫而空，转瞬便被观众欢快的笑声和热烈的掌声替代了。

女歌手机智地用这种自嘲的幽默解决了尴尬，挽回了自己的面子，还俘获了众多粉丝的心。这种做法显然比很多女性在遭遇尴尬时就慌张失措、目瞪口呆或者恼羞成怒要高明得多。

所以说，在遭遇尴尬时，女人只要能放低姿态，不过于严肃，能自信、幽默地去解决问题，总能收到意想不到的效果。

当然，由于女性自身的性格原因加之社会赋予的角色属性，要想打破固定的严肃、矜持的形象，变得幽默风趣，也并非一朝一夕可以做到的。女性朋友们可以通过以下的方法和技巧，使自己逐渐向幽默的道路靠近。

1. 学习他人，积累幽默资料

常言道："熟读唐诗三百首，不会作诗也会吟。"在社会交际中，男性朋友更擅长用幽默感来缓和紧张的气氛，拉近与别人之间的距离，这个时候，女性朋友不要躲避，要放心大胆地绽放你的笑容，这样一方面可以体会幽默的乐趣，另一方面也能传达给对方赞同与鼓励的信息，进而获取对方的好感。在多看多听的过程中，自然也能将幽默感转化为自己的本领，从而应用到自己的交际中去。

2. 敢于自嘲

懂得贬低自己、自我解嘲的女性是极具自信的，也是最高明的。贬低自己能起到欲扬先抑的效果，同时欲擒故纵，能牢牢"抓"住听者的耳朵，这样非但不会拉低你在别人心中的形象，反而会让众人在哄笑声中把你抬得更高。既能活跃气氛，又能博得他人的好感。

3. 丰富自身学识

无论在任何情况下，女人的内在总是能为其加分。女人只有拥有广博的知识，和别人谈起话来才能海阔天空、不拘一格，幽默起来也能引经据典，让人耳目一新。孤陋寡闻的女人很难拥有幽默的素材。

"不懂得开玩笑的人，是没有希望的人"，幽默能为女人增添无限的魅力，这首先要求女人拥有积极乐观的心态，培养敏捷的思维能力，一个颓废悲观和木讷呆板的女人是很难有幽默感的。

此外，幽默也需要尺度，要掌握好分寸，对于不适合开玩笑的场合和对象，也要注意收敛。在对的场合，跟对的人，用友善的态度开内容高雅的玩笑，这才是真正有智慧的女人。

🍷 **交际思语** 🍷

　　真正的幽默不是刻意地做作，它是乐观情绪和内心智慧的自然流淌。生活在如今这样一个被压力、焦虑和忧郁困扰的时代，多一点幽默，就会多一分心灵的慰藉，也多一分幸福的力量。

多说"我们"少说"我"

女人比男人更能忍受悲痛。她们靠自己的感情生活，只考虑自己的感情。

——[英] 王尔德

人心是很微妙的，同样是与人交谈，有些谈话方式会令别人生出厌恶之心，而有的谈话却可以直击别人的心灵，使其产生深深的共鸣。

当我们在听别人说话时，一个总是以"我"为说话开头的人，往往是一个不受欢迎的人。这种过分强调"我"的人往往热衷于标榜自己、突出自我，自然很难给别人带来认同感，久而久之就会在自我和别人之间形成一道不可逾越的鸿沟。

美国福特汽车的亨利·福特二世在描述令人厌烦的行为时曾说："一个满嘴'我'的人，一个独占'我'字、随时随地说'我'的人，是一个不受欢迎的人。"

在现实生活中，很多女性拥有着强烈的自我意识和表现欲，言由心生，当一个女人满心里想的都是自己的时候，嘴里说出来的当然更多的是"我"字。

一家公司要招聘两位女员工，经过层层筛选之后，剩下三位应聘人员。于是这个公司给她们出了一个题目：

假如你们三个人一起去沙漠探险，在返回的途中，车子抛锚了。这时，车上有镜子、刀、帐篷、水、火柴、绳子、指南针，帐篷只能住两个人，矿泉水只有一瓶，而你们只能选择四样东西随身携带。你会选什么？

甲女选的是刀、帐篷、水、火柴。

面试人员问她："为什么你第一个就要选刀？"

甲女说："害人之心不可有，防人之心不可无。题目中说了，这帐篷只够两个人睡，矿泉水也只有一瓶，万一有人为了争夺生存机会想害我呢？所以，我第一个选择刀，也就等于把主动权抓到了我手中。"

乙女和丙女选的四样物品则是水、帐篷、火柴、绳子。

面试人员让她们分别对自己的选择做出阐释。乙女说："水是必需品，虽然我们三个人肯定不够喝，但可以省着点，沿途再找找水源，相信我们三个人能坚持到最后；帐篷虽然只能容纳两个人睡，但是我们三个人可以轮流着休息，也能兼顾安全问题；火柴可以用来生火，也是我们在路上必不可少的；而绳子可以把我们三个人绑在一起，这样，在沙漠起风沙、看不见路的时候，我们也不至于走散。"

丙女也给出了和乙女相同的解释，最后甲女被淘汰了。

上述案例中，这个公司出的题目明显是测试应聘人员的团队合作精神和协调能力，甲女一口一个"我"，想的都是如何充分享受资源，如何保证自己的利益，如果体现在工作中，肯定会寒了同事的心。而乙女和丙女则更多地强调"我们"，考虑的是共同求生和团结合作。因此，结果不言而喻。

用"我们"代替"我"，可以促进彼此之间的感情交流，大大缩短你和大家之间的心理距离，善用"我们"说话的人也善于制造彼此间的共同意识，往往能拥有更好的人际关系。

因此，要想做一个会说话的女人，就要学会经常用"我们"开头，下面几点建议可以供大家做个参考。

1. 多用"我们"代替"我"

既然多说"我们"可以缩短和听者之间的心理距离，那么就要少说

"我"。在日常交谈中，凡是要说"我"的时候，不妨先试试能否用"我们"来替代。例如，"我觉得去那家西餐厅吃饭比较好……"可以改成"听说那家西餐厅不错，我们一起去吃好吗"。

2. 工作中多说"我们"

在公司，大家是一个团体，过多地强调自己会让人觉得你好大喜功，从而引起别人的反感。因此，不妨多以"我们"开头。

比如公司开会时，你想说："我最近做了一个调查，我发现市场上30%的消费者对公司产品有意见，我觉得公司应该……"这个时候如果你把句中的"我"字换成"我们"来说，效果就会截然不同。毕竟"我"字代表了你一个人，而"我们"代表的是大家，这样公司接受起来会更容易，也不会觉得你过分表现自己。

3. 一定要说"我"字时，不妨语调平缓些

生活中肯定会不可避免地用到"我"字，这个时候你要注意自己的语气，尽量让"我"字听起来平缓一些，既不把"我"读成重音，也不拖长"我"的语音。同时注意神态不要得意扬扬，目光不要咄咄逼人，要把表达的重点放在客观叙述事件上，不要突出做事的"我"，以免给别人带来你是在吹嘘自己的感觉。

可能有人要问，是不是最好就不说"我"字呢？当然不是这样，只要你控制好自己的心态，把握好机会，在关键时刻应该表现自己的时候，就要勇敢地把"我"说出来，只是也不要忘了多说"我们"，这样既可以拉近你与听者的关系，也能收获更好的交流效果。

🍷 交际思语 🍷

不要做平时说话总喜欢说"我"的"大独裁者"。曾经有个笑话，说有一个很不受欢迎的年轻剧作家，跟他的女朋友谈论自己的剧本，直到两个小时后他才说道："关于我已经谈得够多了，现在来谈谈你吧。你认为我的剧作怎么样？"最终女朋友忍无可忍，拂袖而去。

贴合人心，多说对方感兴趣的话

> 如果你要使别人喜欢你，如果你想他人对你产生兴趣，你要注意的一点是，谈论别人感兴趣的事情。
>
> ——〔美〕戴尔·卡耐基

"即使你喜欢吃香蕉、三明治，你也不能用这些东西去钓鱼，因为鱼并不喜欢它们。你想钓到鱼，必须下鱼饵才行。"这是著名的口才大师卡耐基曾说过的一句话。

每个人都有自己感兴趣的东西，比如有的人喜欢打篮球，有的人喜欢听音乐，有的人对时事新闻感兴趣，有的人对美食有着高度的热情，等等。

在交谈中，如果只谈论自己，从来不考虑别人的好恶，这样的女人就很难得到别人的认同，让人难以对她产生亲近感。聪明的女人懂得在交际时迎合别人的喜好，说对方感兴趣的话，这样既能让对方获得被尊重、被重视的感觉，也会拉近双方之间的距离。

《红楼梦》中的两个主要女性角色——林黛玉和薛宝钗，一个清新脱俗、孤傲冷艳，一个宽容随和、知书达理。林黛玉待人接物全凭自己的喜好，喜怒哀乐都表现在外面，平日里"有些恒郁不忿之意"，府里的长辈、姐妹、丫鬟对她都很疏远。

反观薛宝钗，她对贾府上下一应人等观察得细致入微，将贾母的脾气好恶和姐妹、丫鬟的习惯爱好都记在心上，因此获得了贾府上下众多人的好感。抛开角色在书中的意义不谈，单就社会交际而言，薛宝钗这样的女人无疑更具魅力。

你想要别人怎么对待你，就得先怎样对待别人。那么，如果你想要让别人对你感兴趣，办法只有一个，那就是你要先对别人感兴趣。懂得这一点，女人就能将话说到别人的心坎里，这样，想不打动人都难。

赵晴是一家房地产公司的公关助理，要去聘请一位特别著名的园林设计师为这家房地产的一个大型园林项目做设计顾问。让赵晴头疼的是，这位设计师早已退休，寡居家中多年，而且此人性情孤傲清高，一般人很难请得动他。

为了博得老设计师的欢心，赵晴特地提前做了一番详尽的调查，她了解到这位老设计师平时喜欢作画，便买来了几本中国美术方面的书籍恶补了一通。

等到真的来到老设计师家中时，她发现对方对她的态度比自己想象中还要冷淡，对自己说的话也是爱搭不理。但是赵晴没有气馁，她发现老设计师的画桌上放着一幅刚刚完成的画作，于是一边欣赏一边赞叹道："老先生的这幅丹青意境宏远、笔触新奇，真是佳作啊！老先生，您是走清代山水名家石涛的风格吧？"

老设计师先是被赵晴夸赞得很是自豪、得意，紧接着又对赵晴居然懂得国画知识而大感震惊，对待赵晴的态度立马转变了，话也多了起来。赵晴乘胜追击，顺着话题由作画转向了园林设计，最终成功地说动了老设计师出任公司的设计顾问。

在社会交际中，除了了解谈话对象的兴趣爱好，女人还要摸透对方的心理和脾性——有的人喜欢听好听的，也就是人们口中常说的"顺毛驴"，和他们说话时就要多捧一捧；有的人喜欢听掏心窝子的真心话，与其交流时就要坦率、真诚一些；有些人性格豪放直爽，对他们就需要"粗线条"一些；等等。

总之，与人交流时要知其所好，投其所好。女人天性细腻，在日常交流中不妨多观察周围人的性格，多说贴合别人心意的话，这样，只要你能打动对方的耳朵，也就离打动对方的心不远了。

美国经济大萧条时期，一位名叫艾伦的十七岁女孩好不容易在一家高级珠宝店找到了一份销售员的工作。

圣诞节的前一天，店里进来了一个三十岁左右的男顾客，他衣衫褴褛，脸上带着悲伤、惶惑的表情，艾伦看到他正在用一种贪婪的目光盯着柜台里的高档珠宝。

这时，电话声响起来，艾伦急匆匆去接电话时，衣袖不小心碰翻了一个碟子，碟子里的六枚钻石戒指瞬间滚落在了地上。

艾伦慌乱地捡起其中的五枚戒指，却怎么也找不到最后那一枚。就在此时，艾伦看到那个三十岁左右的男顾客正向门口走去。瞬间，艾伦明白最后一枚钻石戒指在哪儿了。

就在这个男顾客推开门时，艾伦叫道："对不起，先生。"

那个男顾客转过身来看着艾伦，两个人默默对视了足有一分钟。

"什么事？"他问，脸上的肌肉在抽搐。

"什么事？"他再次问道。

"这是我的第一份工作，现在找份工作很难，是不是？"艾伦神色黯然地说。

男顾客长久地审视着艾伦，渐渐地，一丝十分柔和的微笑浮现在他脸上。"是的，的确如此。"他回答，"但我能肯定，你在这里会干得不错，我可以为你祝福吗？"

他伸出手与艾伦相握，艾伦低声地说："也祝你好运。"男顾客推开店门，消失在门外。

艾伦慢慢转过身，将手中的第六枚戒指放回了原处。

艾伦之所以能找回失去的第六枚钻石戒指，是因为她明白比起呵斥、怒骂，比起叫来警察，自己饱含着惧怕失去工作之痛的那句"这是我的第一份工作，现在找份工作很难"更能打动对方，也能引发对方的同情。而拿了戒指的这个男顾客也并不是真正意义上的坏人，站在他的角度说能引起他关注的话才能产生巨大的力量，彻底打动他。

交际不是唱"独角戏"，不是一个人的表演，既然能用对方感兴趣的话来打动对方，能嘴甜一点，让交际变成一个有来有往、拉近人心的过程，那女人何不发挥自己温柔、细腻的优势，去做一个善于观察别人、体贴别人的聪明女人呢？

交际思语

与人交际时，要竭力忘记你自己，不要总是谈你个人的事情。每个人都喜欢谈论自己熟知的事情，那么，在交际上要尽量去引导别人说他自己的事情，这是使对方高兴的最好的方法。

【测一测】你会如何对待你不感兴趣的异性

在电动游乐中心夹娃娃的机器里，你看上了一只可爱的海绵宝宝。你决定试试手气，夹夹看。没想到你真是太幸运了，一夹就中！但是回过神来，你发现机器爪子上抓住的是海绵宝宝旁边的一只丑陋的怪兽娃娃。天啊！你根本就不想要这个东西，通常你会怎么处理它呢？

A. 不管朋友喜不喜欢，送给朋友就是了

B. 没办法，只好带回家放着

C. 当场就把它丢掉

D. 搞不好会有人想要，干脆就摆在娃娃机上面

测试结果：

选 A

在遇到不感兴趣的异性跟你表白时，你会很婉转地告诉对方："还有比我更好、更适合你的人啊！"三言两语就把麻烦推开了。你还可能不管朋友愿不愿意，就把倒霉无辜的表白者介绍给朋友，推给别人去处理。

选 B

纵然你一点兴趣也没有，但是面对异性的表白，你会在心里说："既然人家主动来向我表白，拒绝掉好像有一点可惜，不要白不要，干脆试着交往看看好了，搞不好哪一天真的就会喜欢上对方。"你会抱着这样的态度去接受这一段你并不怎么在意的感情。其实这样的做法并不正确，因为爱情是不能有同情和凑合的成分在里面的。而且这样做也等于是欺骗他人的感情。

选 C

"对不起，我并不想和你交往。""很抱歉，我想我们不适合！"你就是一个喜好分明、做事情相当果断的人。尤其是牵扯到感情方面，你非常忠于

自己的内心，不喜欢就是不喜欢，你会很明确甚至于有一些残忍地回绝对方，绝没有商量的余地，让对方彻底地死心。其实感情本来就不能勉强，你这样做是对的。

选D

你是一个比较精明的人。你总是会给自己留一条退路，你不会给对方明确的答案，不拒绝也不接受，你会闪烁其词地对他说："请让我考虑一下。"或者告诉他："我无法马上回答你，请给我一点时间。"让对方还保留着一丝希望，猜不透你心中的想法，然后你再安全地退场，接着便消失了。既没有伤害到对方，也没有给自己带来不必要的麻烦。

第六章

掌控人际交往的合适火候

人际关系的搭建就像炖一锅汤，你先送出温暖和关怀，才能收获美味、高营养的回报。女性朋友如果想把人际关系变得稳固扎实，就要掌握好"火候"，小火慢炖，持续加热，慢慢巩固你在别人心中的好形象，如此才能"炖"出香醇浓郁、香飘万里的好人缘。

加把火，给冰冷的人际关系升温

我们想的是如何养生，如何聚财，如何加固屋顶，如何备齐衣衫；而聪明人考虑的却是怎样选择最宝贵的东西——朋友。

——［美］爱默生

有的女人天生是社交能手，她善于跟同一个场合中的每一个人游刃有余地进行交际，并且能立刻获得很多人的联系方式，但是如果这就是一场人际交往的结束，也没有后续的联系，那么她永远都不可能建立成功的交际。

聪明的女人懂得想方设法地与联络人保持联系，并继续给这段人际关系升温，为什么？因为她们的目标就是建立一段长期有效、互惠互利的人际关系，她们追求的是持久长期的关系，而不是立竿见影的效果。

生活中，我们还会有这样的体会，以前关系很好的朋友、同事或者同学，不知不觉中就变得冷淡了，当你想与对方重建联系时，却发现彼此之间已经生疏到了无话可说的地步，甚至当你满怀热情地送去问候时，对方还会曲解你的意思，致使原本冰冷的关系彻底被冰冻。

董琳琳是广州一所大学大三的学生，暑假期间，她来到一家公司实习，认识了同在一个组的汪玲。汪玲在这个公司已经待了两年多，算是公司的老员工了。在实习的一个多月里，董琳琳遇到不懂的问题就去问汪玲，汪玲也都知无不言，言无不尽，很耐心地教导董琳琳，也教会了她很多职场上的道理。

实习结束后，董琳琳回到了学校。由于学习太忙，她没有特意跟汪玲联系过，转眼一年过去了，董琳琳也毕业了，去了新的公司。有一次她从家里带了特产，打算给现在的同事们尝尝，突然就想到了汪玲和以前的同事，想起他们曾经对自己的帮助。董琳琳不想就这么失去联系，她想把特产分给汪玲他们一些。

于是董琳琳发了一条微信给汪玲："汪玲姐姐，还记得我吗？我是去年在你们单位实习的董琳琳，好久没联系了，可以约你一起吃个饭吗？这个周末姐姐有时间吗？"

汪玲："记得呢，你好。你毕业了吧？"

董琳琳："是的。"

汪玲："哦，有什么事情需要我帮忙吗？"

董琳琳："没有啊。"

汪玲："哦，有需要帮忙的地方就说，没事儿。"

这时，董琳琳才尴尬地意识到汪玲是觉得自己有事需要她帮忙才找她的，于是赶紧表明了自己想要带特产给她的心意。没想到汪玲说她已经不在原来那个单位了，让董琳琳自己留着吃就好。后来，董琳琳再也没有联系过汪玲。

无论是新建立的还是已经冷却的人际关系，都需要我们加把火，让微弱的小火苗燃烧起来，增进双方的感情，否则两个人之间的联系越来越少，一段人际关系中仅存的微弱光芒也势必会熄灭。

有一个公式叫作梅特卡夫定律，这一定律常被用在互联网中，但它却同样适用于社交网络。这条定律是这样的：网络的有用性（价值）随着用户数量的平方数增加而增加。换句话说，你每向网络中添加一个用户（联系人），不仅会给新添加的用户创造价值，也会给每一个已经存在于网络中的用户创造价值。

由此可见，交际圈的建设是一项终身事业，对于女人来说，每一个增加到你交际圈中的联系人都能让你受益，进而达到双赢或多赢的效果，所以女人必须要有建立自己交际圈的意识，并且维护好自己交际圈中的现有人脉。

那么，如何给冷却的人际关系升温呢？女人可以参考以下方法。

1. 永远采取主动

虽然主动有可能会让对方误会，但是永远不要期待对方主动，你要先跨出第一步，重建关系或者挽回破裂的关系太重要了，主动打出去那个电话，积极跨出去第一步，尝试在合适的时机或者地点见面，你会发现给冰冷的关系升温并没有想象中那么难。

需要注意的是，如果你提出聚一聚的打算，不管是正式还是非正式的会面形式，都要在短期内联系对方，确定时间，如果仅仅是说"改天有空一起吃饭吧"，这并不是一个很好的方式，别人会怀疑你的诚意。

此外，如果你不是有事要请对方帮忙，彼此又很久没联系了，可以再约上一两个大家都认识的人，热闹一点反而会减少尴尬。

2. 成为他人的资源

女人在社会交际中要多与他人分享自己的经验和技能，表达出帮助对方的意愿，一旦你成为别人的资源，当你请求他人帮助时，别人提供帮助的意愿就会更高。每个人都会欣赏并想结识有价值且乐于慷慨助人的人，并且愿意相应地回报自己的价值，从而建立互利互惠、长久稳定的人际关系。

3. 长期维护，水滴石穿

"冰冻三尺非一日之寒，滴水石穿非一日之功。"一段人际关系既然已经冷却，再要重建就要注意循序渐进，不可贪求一步到位的效果。女人可以充分发挥自己温柔、耐心的优势，尝试用持久的关心打动对方。例如，当对方表现出身体不适时，你可以从开始的问候"你今天是不是感冒了？天冷了多加衣"慢慢过渡到"吃药了没？还没好啊？我这里有一个偏方……"再到"生病了不能拖着，还是去医院看看吧"。在层层递进之后，你会发现两个人的感觉慢慢就不一样了。一两次的关心可能会被当成是客套的礼貌，但是持久的关心却能打动人心。

交际思语

　　不妨在每个节日里给新老朋友发一些祝福和问候信息，巩固自己在他人心中的好形象，让朋友记得你。勇敢地打开心门，主动地接纳别人，如此女人才能赢得真正的友谊。

过度热情反而会适得其反

热情，不小心的时候是自焚的火焰。

——〔黎〕纪伯伦

刘悦的一位朋友组织了一场聚会，在聚会上刘悦认识了老乡张莹。张莹刚来到这个城市，和大家都不熟，急于想和大家搞好关系，她发现刘悦是自己的老乡后，急切地和刘悦攀谈起来。

"你现在做什么工作？"

"在哪里上班？"

"公司多少人？"

"你一个月能赚多少钱？"

"你有对象吗？"

"对象干啥呢？"

……

刚开始刘悦还能"嗯""是"地应付过去，但是她没想到对方居然更加热情地攀谈起来，而且还问了很多涉及个人隐私的问题。忍无可忍后，刘悦直接说："不好意思，我们俩还没这么熟吧？"

交谈的气氛一下子冷得吓人，刘悦的心里终于舒坦了，而张莹却无比委屈，她不明白，自己热情一些又有什么错呢？

中国自古以来就有"热情好客"的传统文化，并将之视为一种美德，人们也常说："爱笑的女孩运气都不会太差。"大家通常给不够热情的女人贴上"冷漠""不近人情"的标签，转而对热情大方的女人抱有好感。确实，"热情"是一个褒义词，它能给女人带来好人缘，但是加上"过度"二字，则会大大妨碍我们在人际交往中的表现。

在现实生活中，有的人急于和他人建立良好的人际关系，害怕受人冷落，恨不得一会儿工夫就把对方变成自己的知己，所以表现得非常主动、积极，和他人没话找话、无话不谈，却不知自己很可能已经侵犯了别人的隐私，或给对方带去了压迫感，案例中的张莹便是如此。

印度诗人泰戈尔曾经说过："激情，是鼓满船帆的风。风有时会把船帆吹断……"所以我们对于刚认识或关系一般的朋友，态度要尊重、客气，不能过度热情，否则反而会让人怀疑你的用心或心生反感。

著名的节目主持人蔡康永曾经有过这样一段经历。有一次，他和一位久未谋面的女士重逢，为了显示自己对她的热情和关心，蔡康永微笑着问："现在过得怎么样？"

没想到这位女士听了这句话后，脸色一下子沉下来，面露不悦，气氛陡然尴尬起来。后来蔡康永才知道，原来这位女士刚刚经历了婚姻破裂的伤痛，只是知道这件事的人并不多，和她关系一般的蔡康永那么一问，她还以为对方是在打探自己的婚姻。

相似的经历其实大家都有过，比如常年不见的亲戚或关系一般的同学见面就询问"谈恋爱了吗""结婚了吗""要孩子了吗""孩子上学了吗"等一系列的隐私问题。虽然你可能碍于面子不得不做出回答，但实则心里已经生出异常尴尬、赶快逃离的想法了。

在动物界，如果陌生者踏入自己的领地，领地所有者一定会掀起战争，赶跑入侵者。对于人类也是同样的道理，每个人都有自己的心防，也有属于自己的领地，在双方还不熟悉的情况下，过度热情无疑是有强行攻破别人防备、非请即入的嫌疑。

有的人说了，那我不问对方的隐私，我对别人好总行吧，这样别人也能感受到我的热情，肯定就会认可我了。实际上，人与人之间建立亲密关系并非一朝一夕的事情，人际交往要循序渐进，一开始便毫无保留地投入，到后期力不从心的时候你会发现无以为继。

社会学家霍曼斯的"社会交换理论"认为：任何人际关系，其本质上就是交换关系。人们在交往中往往试图寻找彼此之间的平衡，只有达到互惠平衡时，人际关系才能和谐。

人们在交换过程中总会希望得到的不少于所付出的，但如果得到的大于付出的，也会令人们的心理失去平衡。"滴水之恩，涌泉相报"正是这一理论的反映，如果对方付出得过多，使人感觉难以回报或没有机会回报的时候，受惠的那一方往往就会因为愧疚而选择刻意疏远。

所以，过度热情、过度付出并不是聪明女人的明智之举。人际交往要掌握分寸，如果女人想要建立长期稳定的人际关系，那么不妨循序渐进，掌握好彼此交往的火候，也给对方留一点喘息的空间，努力达成互惠平衡的局面。

🍷 交际思语 🍷

过度热情伤人伤己，两个人中，总是付出的那个得不到回报会痛苦，总是得到却没机会回报的也会痛苦。正如人们所说的："因为你太过于热情，所以觉得别人对你太冷漠。"

把握好男女交往的分寸

> 女人最可贵的两种品质，那就是辨别善恶的能力和羞耻心。
>
> ——[意]乔万尼奥里

就情感方面而言，女人通常性格细腻、温柔，富有感性，而男人则偏于刚毅、坚强，富有理性，受异性相吸法则的影响，男女交往时往往有更多的共同语言，能够互相激发出微妙的情感，这是同性之间交往所难以体会的。

我们发现，很多女人在确定恋爱关系或者步入婚姻殿堂后，就会莫名其妙地切断自己与其他异性之间的友情。究其原因，很多女人本来就是为了挑选意中人而和异性交往的，目的达到后，她们认为不再有继续维持异性友情的必要，更何况还要冒着另一半吃醋的风险。

其实，在社会交际尤其是职场中，女性朋友会不可避免地遇到与异性接触、互动的情况。俗话说："男女搭配，干活不累。"异性之间气质的互补和能力的互助，往往会让事情产生事半功倍的积极效果。

所以，躲避与异性的交往并不是女人的明智之举，在社交活动中和男性交往时，女性要注意不宜过分冷淡，以免让异性觉得你高傲无礼，既伤害了男人的自尊心，也损害了你在对方心中的形象。此外，女人也不必过分拘谨，要该说就说，该笑就笑，需要握手就握手，需要并肩就并肩，过分地忸忸作态、躲躲闪闪反而会让人生厌。

反之，男女有别，过分随便也不好，男女之间的情谊包含着一系列美好的感情：互相欣赏，彼此信任，相互关心……这些美好的感情本身就包含着爱慕的种子，稍不留神，就会萌芽，生出禁忌的果实。

身处职场，男女同事之间的交往是必不可少的，交往浅了不利于工作的推进，交往深了有可能惹来流言蜚语。女性朋友应该怎么拿捏男女交往的分寸呢？下面几点可以供大家参考。

1. 不宜过分亲昵

根据美国心理学家霍尔的研究，男女间相距46厘米以内，就会被视为调情或表示亲昵；50～60厘米是私人的空间距离，相当于自我活动的小天地；60厘米以外才是与人交往的正常距离。

因此，女性在社会交际中最好和异性保持相应的距离，不必严格估量60厘米代表的距离，实际交往中以感受不到对方呼吸的快慢、看不到对方皮肤的肌理等为标准。

2006年10月6日，当时身为俄罗斯总统的普京在克里姆林宫向各界优秀人士颁发国家奖章，一切都进行得非常顺利，然而轮到给女演员尼娜·尼古拉耶芙娜·乌尔甘特颁发祖国贡献三等奖时，却发生了一个意外。

当时，普京给乌尔甘特戴上了绶带，温和地微笑着。突然，乌尔甘特以电闪雷鸣般的速度一把搂住了没有丝毫防备的普京，她表现得异常兴奋，双手紧紧搂着普京的腰，将头情不自禁地依偎在了普京的胸前。

这一动作让普京、在场的嘉宾和所有的记者都大为吃惊，普京当时的表情也非常令人回味，既有难堪又有苦笑，想说什么又说不出口，可谓尴尬万分。

受传统观念的影响，女人仍要注意矜持、内敛，与异性过分亲昵不仅会显得自己过于轻佻，引起别人的反感，还容易造成不必要的误会。

2. 说话讲究分寸，玩笑适可而止

女人的可爱和幽默都是讨人喜欢的优点，但在正常的男女交往中，要有

所顾忌。女人在和异性交往时，说话不要嗲声嗲气，否则容易引起别人的误会，打扰办公室严肃办公的氛围。此外，虽然开玩笑能够调节气氛，但男女间开玩笑要适可而止，把握好分寸。

3. 不搞个人崇拜

曾经有人通过调查得出结论，说维系夫妻感情的一个重要因素就是一方对另一方的崇拜或相互崇拜。办公室男女朝夕相处，有时会对特别优秀的异性产生崇敬之心，将其视为偶像，从而引起不必要的误会，给女人自身带来压力。职场上，再优秀的异性也是凡人，所以还是要保持合理的距离，和对方平淡、平凡地相处。

在和异性交往的过程中，女人要懂得把握异性的不同点和心理，将异性效应发挥到最佳。虽然异性相吸定律对个人和组织的作用是不言而喻的，但是，只有健康的才是有效的，在日常生活中，女性朋友要把握好分寸和原则，在不断增加的男女交往中丰富和提升自己，使同异性交往成为我们生活中的一大助力。

🍷 交际思语 🍷

女性朋友们只要把心态放正，正常、大方地去和异性相处，一定能收获稳定、健康的异性友谊。

委婉说"不"，做不让人难堪的优雅女人

不要害怕拒绝他人，如果自己的理由出于正当。当一个人开口提出要求的时候，他的心里根本预备好了两种答案。所以，给他任何一个其中的答案，都是意料中的。

——三毛

为了建立良好的人际关系，日常生活中，女人会经常对别人说一些夸奖的话，但这并不代表着女人要一味地说恭维的话，甚至丢失了自己的主见。孔子说："巧言令色，鲜矣仁。"意思是说，要提防一味花言巧语、装得和颜悦色的人，这种人很少会有仁心。所以女人在社会交际中要学会表达自己的见解，敢于说"不"。

"不"字本身有很强的攻击性，它在传达说话者的拒绝时，还会带给对方不被尊重、被否定的感觉，"良药苦口利于病，忠言逆耳利于行"，虽然大家都明白这个道理，但在实际听到否定的答案时，多少还是会感觉不舒服。

从心理学的角度出发，对自己不利或让自己不愉快的事情，每个人都想尽力避免，即产生一种趋利避害的心理。此时，如何给苦药的外面抹上一层糖衣，让吃药的人不觉得药苦甚至还觉得很甜，这就是一门学问了。

二十世纪初，邓肯是欧洲风靡一时的舞蹈家兼才女，她曾经追求过当时

很知名的戏剧家萧伯纳，邓肯给萧伯纳写过一封信，信中说："我的外貌是十分美丽而出众的，而你的头脑也被人们认为是非常聪慧的，如果咱们两个结合，生下一个孩子，头脑像你，外貌像我，这不是最理想的事情吗？"

萧伯纳收到信后，回了一封信给她，信中委婉地拒绝道："可是如果孩子出生之后外貌像我，而头脑却像你，那不是最糟糕的事情吗？"

面对佳人的告白，萧伯纳明白，既然自己对对方毫无兴趣，如果怕伤了对方的面子而不愿挑明，让对方对自己穷追不舍的话，只会让事情越来越糟，使得两个人都焦头烂额，头疼不已。所以，读懂邓肯来信中的幽默，萧伯纳用同样幽默的方式，沿着对方的思路委婉地拒绝了她，既给出了答案，又能博佳人一笑。

我们在拒绝别人时，要想达到像萧伯纳这样完美的效果，就要掌握好委婉说"不"的技巧。

1. 先倾听，再说"不"

人都是有自尊的，在别人开口说话时，即便你早早就决定要拒绝对方，也要耐心把对方的话听完，然后再对自己不能顺应对方的意思而表示抱歉。对方感受到你的诚意后，即使遭到拒绝，也会以同理心理解你的诚恳。

2. 拒绝的理由要委婉

既然"不"字的攻击性比较强，在拒绝他人时，就应该委婉地说明拒绝的理由，让对方得以保存颜面，进而相信你的拒绝是出于无奈。如果生硬、直接地说明拒绝理由，势必会让他人觉得你是一个冷漠无情的人，甚至会对你生出不满之心。

张芬是公司里最胖的女职工，平时要穿最大号的衣服，她在商场里很难买到适合自己的尺码，所以网上购物成了她添置新衣的常用渠道。

有一次，张芬从网上买了一件白色针织衫，寄到公司后，她迫不及待地穿上试了试，并兴高采烈地问大家好不好看。办公室里的同事都称赞"合适""漂亮"，这让张芬的心情更加愉悦了。

可是当张芬问到李华感觉怎么样时，李华却直接回答说："你身材太胖了，穿白色就显得更胖，不好看，还是退了买黑色的吧，黑色显瘦。"

话一出口，整个办公室的气氛瞬间变得很冷，大家都在心里默默地想，以后遇事千万不要征求李华的意见。

其实，张芬身材确实比较胖，穿这件衣服也不太好看，李华表达自己真实想法的做法本身没有问题，但是方式却太直接了，她可以这样说："你穿这件挺好看的，不过我觉得你要是穿黑色的会更好看。"委婉的表达不仅能大大减轻对方的心理负担，还能给别人真诚的建议。

3. 做出相应的弥补措施

当别人向你寻求帮助，而你又无能为力、不得不拒绝的时候，不妨做出相应的补偿措施，如推荐其他解决问题的途径或者能解决此类问题的人，以减轻对方的失落、受挫情绪，让其感受到自己的真诚。

著名喜剧大师卓别林曾经说过："学会说'不'吧！那样你的生活将会美好得多。"所以对于女人而言，即便违背别人的意愿可能会伤害双方的感情，甚至可能会让对方耿耿于怀，女人也要敢于对不能苟同或无能为力的事情说"不"，只有坚持自己的本色，才能在复杂的社会中拥有自己的独特个性。而掌握了委婉说"不"的技巧，则能让对方欣然接受你的拒绝，表达态度的同时也丝毫不损害你的好人缘。

🍷 **交际思语** 🍷

与人交往和帮助别人是十分重要的，但女人不能碍于情面而对任何事情都点头称是，那样不仅会让自己活得很累，也会在别人眼中显得毫无特色，甚至认为你的付出是理所应当的。

【测一测】你的随机应变能力怎么样

钱先生是一个非常谨慎的人，最近他总有一种不祥的预感，所以他加倍留心，但还是在饭店中毒并当场死亡。经化验，钱先生从早上开始只喝过四种饮品，分别是由四个不同的人拿给他的，凶手肯定在这四个人之中。你认为是哪个人下的毒？

A. 钱太太早上给钱先生倒过一杯温水

B. 钱先生同父异母的妹妹在街上给他买过一杯橙汁

C. 钱先生的同事主动帮服务员端了一杯苦咖啡给钱先生

D. 有前科的服务员给他上过一份清汤

测试结果：

选A

你是个能言善辩的人，而且非常机灵，就算面对突然发生的问题也有解决的办法，尤其是在人前，你显得更是聪明。但实际上你的办法并不一定有效。你的热情会让大家喜欢和你在一起，但要注意，别自作聪明，小心上当。

选B

当突然有事情发生的时候，你显得很酷，不说话，也没反应，实际上你是束手无策。你应该多向别人学习，想想周围聪明的人遇事会怎么办，经验对你来说是莫大的智慧。

选C

你简直聪明得惊人，一有问题出现，你的头脑里就会冒出很多种应付的办法。你最大的困惑在于选择哪种办法来处理问题，切记，遇事不要太犹豫，要少想多干。

选D

不能说你是虚伪，但你确实有点表里不一，在别人面前你装得呆头呆脑、一副无所谓的样子，其实你是个很有实力又聪明的人。遇事先看别人的反应，再做打算，是个很稳妥的人。你的成熟和老练在一定程度上能让你获得成功，但要想更进一步，就要表现出更多的真诚。

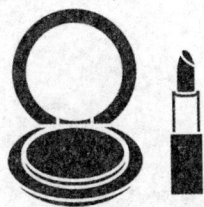

第七章

见微可以知著，做会观察的智慧女人

很多时候，我们要想真正地了解一个人，洞悉他内心的实际想法，并不是一件容易的事情，因为人们通常会用各种各样的面具把自己伪装起来。这时，女人要试着通过对方的神态和动作看透他的内心。眼神、动作，甚至一句口头禅，往往越是出自无心的习惯性动作，越能真切地反映一个人的个性和内心世界。

透过"心灵的窗户"读懂别人

> 女人的眼睛，更容易看出男人身上的独特之处。
>
> ——〔苏〕高尔基

《人体秘语》的作者莫里斯对人类的"眼睛"下过这样的定义：它直径大约 2.5 厘米，在眼球后方感光灵敏的角膜含有 1.37 亿个细胞，将收到的信息传送至脑部。这些感光细胞，在任何时间均可同时处理 150 万个信息。这就说明，即使是一瞬即逝的眼神，也能发射出千万个信息，表达丰富的情感和意向，泄露心底的秘密。

眼睛可以说是人的面部表情最丰富的器官，目光则在人际交往中占据着重要的位置。在和陌生人交流时，有的人会让我们觉得值得信赖，有的人却会让人觉得别扭、生疏，这些感觉和眼神是密不可分的。达·芬奇说过："眼睛是心灵的窗户。"两个人只有真正做到眼神交汇，才能称得上是真正的沟通。

英国剑桥大学的西蒙·伯龙·科恩博士曾经做过这样的实验：他拿出一些人物的照片，分别给不同的实验对象看，这些照片中人物眼睛以下的部分都被提前遮盖住了，然后科恩博士让实验对象根据自己看到的照片为照片人物配上相应的心理状态。

这些心理状态有"放松""紧张""忧虑""仇恨""不怀好意"等，除此之外，科恩博士还让实验对象判断照片人物的心理活动，如"渴望你的关心""不希望被打扰"等。

结果，在科恩博士给出的25道题目中，男人平均答对19道，女人平均答对了22道。这就意味着，在观察眼睛所传递的信号方面，女人的解读能力比男人更强。

在能够很好地解读他人的眼神传递出的信息的前提下，留意一个人的眼神活动，并将其与他的内心想法结合起来，这就是女人要掌握的一项重要的识人之法。掌握了这门技巧，可以让女人在具体交际中见微知著，达到事半功倍的效果。

1. 从视线的变化看透对方

在你口若悬河、滔滔不绝时，如果观察到对方的视线正四处游离，一副魂不守舍的样子，那你最好尽早结束话题，因为这种眼神表示对方对你的话题并不感兴趣；如果对方的视线一直凝聚在你身上，说明他对你很有好感，非常乐意和你沟通。

如果对方的目光下垂，甚至都不愿意抬起头来，说明对方心事重重，需要你给予更多的关心和安慰，而不是沉浸在自己的话题里。

如果对方的视线斜瞥出去，代表对方可能不认可你的话，或是对你有偏见，含有鄙视、看不起的意味。

另外，如果对方突然刻意回避你的视线，说明他可能在隐瞒什么事情或是欺骗了你。

2. 从眼神的变化读懂对方

对方看你的眼神如果是清澈、坦诚的，说明他内心没有秘密，是个心胸坦荡、正直自信的人；反之，如果他的眼神透露出狡黠、隐晦，则说明他为人比较虚伪、心胸狭窄，或者有着什么不好的意图。

如果对方的眼神阴沉，你要明白这是凶狠的信号，他很有可能已经有了向你出击的打算，再和对方交往就要小心一些。

如果一个人的眼神进射出怒火，这时你应该马上借机避开，等对方冷静下来之后再与其心平气和地沟通，避免因为步步紧逼而出现难以收拾的剧烈冲突。

如果对方的眼神黯淡，整天一副无精打采的样子，那他的性格一般比较软弱，做事情优柔寡断、缺乏斗志。

3. 从瞳孔的变化了解对方

现代研究发现，人是不能自主控制瞳孔变化的，也就是说，瞳孔的放大或者缩小，真实地反映了一个人的心理活动。

与别人交流时，在光线稳定的情况下，如果你发现对方的瞳孔比平时放大很多，代表他现在可能非常高兴、兴奋、愉悦，说明他很大程度上是认可你的；如果对方的瞳孔突然收缩，表示他可能有生气、烦躁、害怕等消极的心情，此时再与对方交流要谨慎小心；如果一个人的瞳孔基本没有变化，则表示他对看到的事物或听到的事情漠不关心，或感觉非常无聊。

当然，女人观察别人的眼睛时一定要做到亲切自然，千万不要紧紧地盯着对方的眼睛看，这会让对方感到非常尴尬，也不要一直看着对方的眼睛，那样给别人造成心理压力不说，也会让自己感觉不舒服。所以，女性朋友在观察对方时，要微笑着注视对方的眼睛，保持6~7秒后，再微笑着移开目光，尽力做到柔和、亲切、自然。

交际思语

明白了各种目光的含义，女人在与人交际时就要注意目视对方，面带微笑，表现出自己的喜悦与热情，尽量让目光看起来柔和、友好，从而给人以好的印象。

从习惯性动作看清对方

女人们是伟大的观察家。

——〔英〕狄更斯

人的身体也会"说话"，而且身体传递出的信息有时候比人们的语言更加可靠。肢体动作分为刻意和无意两种，可能刻意的动作并不能反映一个人的真实想法，但无意识的习惯性动作却能透露出一个人最真实的东西。

女人大都心思细腻，经常能够留意到常人留意不到的细节部分，比如对方在夸奖你的时候无意识地耸了一下肩膀，如果你了解他的习惯，知道这个人经常在持否定意见的时候耸肩，那么就可以得知对方并不是真心在夸赞你。聪明的女人善于捕捉这些细节，并能在社会交际中灵活使用。

想要通过一个人的习惯性动作看清对方，在日常生活中女性朋友就要养成仔细观察的习惯，通过观察总结出人们通常会在什么情况下做什么样的动作，从而判断出一个人的真实意思。下面提供几种人们常见的习惯性动作所代表的含义，在具体应用时，女性朋友们要注意区分群体共性和个体特性的差异，以避免误读。

1. 头部动作

（1）摇头和点头。有的人经常用摇头或者点头来表明自己对某件事情的看法，表示认同或者反对。这种人一般有强烈的自我意识，愿意在社交场合表现自己，工作积极，但经常遭到别人的厌恶，容易引起别人的反感。

（2）说话、大笑时用手掩住自己的嘴巴。这种欲盖弥彰的做法其实是想掩饰一个人内心深处的秘密，因此有着想要掩盖自己欲望的意味。

（3）拉耳朵。一个人在听别人说话时拉扯自己的耳朵，潜台词是对对方说的话感到厌烦，心里无比想要打断对方的话，却又不得不耐着性子听对方说完。

（4）摸鼻子。在与人谈话时摸鼻子，这个动作可能含有"你说的是真的吗"的疑惑，或者有"我不同意"之类的否定意思。

（5）边说话边抚摸头部。有的人在和他人谈话时，经常会做搔弄头发、摸脸、掏耳朵或揉太阳穴的动作，这表示他的内心很不安定。这种人往往对别人的态度和言语非常敏感，一旦受到触动，就会不由自主地做出相应动作。

2．手臂动作

（1）摊开双手。这个姿势表示真诚和公开的意思。意大利人经常使用这种姿势，他们将双手摊开放在胸前，表示受挫或者"你要我怎么办"。

（2）双臂交叉放在胸前。经常做这个动作的人防御心比较重，像是要通过这个动作进行某种防备，含有紧张和不安的情绪。但是对于有些自信心很强的人，这个动作也含有挑衅和傲慢的意味。

（3）双手后背。有的人喜欢并拢两脚或自然站立，将双手背在背后，这种人大多在感情上比较急躁，同时也比较注重自己的权威性。

（4）双手叉腰。这个动作是一种强势符号，经常做这个动作的人往往存在着典型的主导意识，从起源上来看，面对敌人时把双臂张开或者叉腰能够扩张自己的面积，恐吓敌人，所以这个动作能起到威慑他人的作用。

3．耸肩

耸肩是一个常用性动作。人们经常用耸肩来表示自己对某件事情不置可否的态度，也可以用耸肩搭配一个嘲讽的表情，表达觉得某件事很可笑的心情。还有的人喜欢在耸肩的同时搭配摊手的动作，这样的人往往不爱较真，不愿意为无谓的事情争执，生活中常常有着不错的人缘。

4．腿部和脚部动作

（1）谈话中抖腿或晃脚。抖腿、晃脚往往能反映一个人精神不安与紧张的情绪，当人们心中期待着某种东西或期待未被满足时，这个动作也有可能会持续。生活中经常抖腿、晃脚的人会给别人带去焦虑、不安定的印象。

（2）不停地交叉双腿。当一个人不耐烦或是内心烦躁不安、寂寞无聊时，就会不自觉地把双腿轮换地跷起来。在与人交谈时，如果发现对方正在做不停交叉双腿的动作，就要适当地结束话题或转换话题。

意识是浮在海面上的冰山一角，是我们能够看得到、感觉得到的，而无意识却是隐藏在海面下的更为庞大的部分冰山，无意识的这部分表现出来，就是习惯。习惯与一个人的成长环境、教育背景、心理活动等密切相关，所以，当我们了解了一个人的习惯性动作时，就等于掌握了解读这个人的解码器，是女人在社会交际中了解他人的最佳依据。

交际思语

习惯性动作可以后天形成，也可以靠后天努力改变掉，女人在观察他人的过程中，不妨趁机认识一下自己身上有哪些不好的习惯性动作，努力蜕变成一个内外兼修的优雅女人。

读懂表情这个"晴雨表"

有一种东西，比我们的面貌更像我们，那便是我们的表情；还有另外一种东西，比表情更像我们，那便是我们的微笑。

——[法]维克多·雨果

"人类表达愤怒、厌恶、满足、恐惧、惊讶、快乐和悲伤的情绪是与生俱来的，是跨文化、跨领域、全球皆准的。从美国到日本，从巴西到巴布亚新几内亚，无论哪种语言与文化，这七种基本情绪引发的面部肌肉变化大致都是一样的。而且，情绪的表达是下意识的，基本上难以抑制或隐瞒。"这一理论由查尔斯·达尔文提出，并由保罗·艾克曼做出了证实。

实际上，在所有的生物中，人类的表情是最为丰富也是最为复杂的，人类能做出的表情非常多。参与构造表情的面部肌肉可以构造出的面部形态数量约为4000万种，如果考虑肌肉收缩程度的不同，那数量将会更多，将远远超出我们的想象。

俗话说："看人先看脸。"可能看透人心的方法有很多，但是察言观色绝对是其中最为有效的一种方法。心理学家曾经给出说明：表情是人类心理活动中最能反映真实内心和情绪变化的，也是人们了解他人的一种有效渠道。即便别人想刻意隐藏内心深处的感情，也会无意识地将真实细微的情绪暴露在脸上。

加拿大达尔豪西大学法医心理学实验室研究人员斯蒂芬·波特等人曾经参与了加拿大一起谋杀案的调查研究。

2005年7月的一天，有一个名叫迈克尔·怀特的男子声称自己怀有身孕的妻子利安娜失踪不见了，他哭泣着呼吁大家帮助他寻找家人。三天后，怀特再次出现在大家的视野里，这一次，他强烈谴责了警方，表达了自己对警方的不满，表明将自行寻找妻子。随后，怀特带领志愿人员来到了郊区的一处沟渠，找到了妻子的尸体。

波特等人作为心理研究人员，没有从对方的眼神是否有焦点、飘忽不定、额头是否冒汗等常用的老套方法中寻找说谎者的破绽，而是通过微表情研究找出说谎者瞬间流露出的与感情基调不符的表情来戳破谎言。

波特等人找出怀特第一次呼吁大家帮助他寻找妻子时的录像，然后逐帧分析，结果他们从怀特原本悲伤的表情中找到了瞬间闪现出的厌恶以及愤怒的表情。最后，警方展开了详细调查，怀特被判为二级谋杀罪且罪名成立。

表情从人类的本能出发，且不受人们思想的控制，它是每个人在遇到有效刺激的一刹那产生的瞬间反应，即便再能装的人也无法完美地掩饰和伪装。所以，女人学会读懂一个人的表情，是了解其内心真实想法的最准确线索。

下面是一些基本的表情特征，虽然都很常见，但实际生活中，人们都善于隐藏自己的真正情绪，加之表情复杂难辨，稍不留意还会出现误会，所以女性朋友需要透过对方微小的动作细节做出正确的表情分析：

当人们快乐时，通常会两颊上提，嘴角上扬，额头平展，双目闪光而微亮；当笑出声时，面部肌肉的运动程度会更大，双目也会更加明亮，眼角有少许皱纹。如果眼角没有皱纹，双目也局促无神，那么就可以断定对方是在假笑。

当人们惊奇时，眉毛会高高挑起，眼睛睁大，下颌自然张开，嘴部张开并伴有快速轻微的吸气。

当人们愤怒时，双眉之间微微皱起，鼻翼扩张，目光凝视，嘴巴张开呈方形或紧闭，这一特征在愤怒的大哭中表现得最为明显。愤怒通常与厌恶、轻蔑等表情相结合，属于敌意情绪。

当人们厌恶时，双眼微眯，双眉之间微微皱起，口微张，嘴角上拉，鼻头皱起，面部肌肉紧张。如果伴随着不屑的情绪，则常常会出现一侧嘴角上扬的不完整微笑。

当人们恐惧时，眼睛会睁大，额头部分抬高，出现平行皱纹，眉头微皱，口微张，双唇自然向后平拉，呈现窄而平的状态。

当人们悲伤时，眼角下塌，眉毛下垂，嘴角下拉，常伴随着哭泣。但成人的悲伤相较于幼儿而言极少显露，因而不容易被识别。

当然，有的人比较内敛，善于隐藏自己的表情，即便是表现出来也是一闪即逝，而我们在实际生活中又不能像科研人员一样去严密分析，所以这就需要女性朋友们多加留意，学会总结，并在具体分析中结合对方的身体姿势、声调以及用词造句等去推测对方的真正意图，进而得出更为准确的分析结论，并做出相应有效的反应。

交际思语

女人掌握了破解他人表情的本领，就可以轻松辨别一个人的情绪。看透身边的人和事，洞悉他人藏在心中的秘密，从而以不变应万变，牢牢把握住人际交往的主动权。

口头禅会暴露一个人的内心

一个总是回答"随您便"的女人是多么令人愉快！

——[法]西蒙娜·德·波伏瓦

口头禅最初是佛教禅宗用语，本指未经心灵顿悟就经常把一些经言和公案挂在嘴边，装成很得道的样子。演变到现在，口头禅成了个人不经大脑就脱口而出的习惯性用语。但从心理学的角度出发，口头禅并非完全是不用心的，它的背后隐藏着人们的心理活动和心理问题。

据有关权威媒体联合统计调查显示，中国人中多达66.3%的人都有说话带口头禅的习惯，口头禅在当代社会非常普遍，其中青年群体是使用口头禅的重要组成部分。生活中我们不难发现，有的人10句中有6句都带着口头禅，这些口头禅背后往往反映着一系列既普通又特殊的心理状态，甚至能表现出一个人的性格。

小霞是办公室里最受欢迎的人，她乐观积极、热情活泼，大家都喜欢找她聊天，她的那句口头禅"挺好的嘛"在节奏紧张的办公室里总能起到缓解气氛和带动情绪的力量。

有一次，同事小张买了一兜毛桃分给大家吃，小霞挑了一个比较大的，结果咬了几口，发现桃子里居然有一只虫子，吓得小霞"嗷"的一声就把桃扔了出去。大家纷纷围过来问发生什么事了，小霞连连摆手，声称没事。

小张将地上的桃子捡起来，看到上面的虫子，明白了事情的原委，他感到非常不好意思，连忙跟小霞道歉："对不起啊，小霞姐，这些桃子外面看着都挺好的，我也不知道里面是坏的。"

这时小霞的口头禅又适时地冒了出来："挺好的嘛，桃子里有虫，说明这些桃树都没打药，是绿色无污染的。而且我觉得自己还挺幸运，要是一口咬下去正好咬到虫子，我就该哭了。"

大家都被小霞逗乐了，小张也被小霞的乐观感染了，模仿她的口吻说："挺好的嘛，就是咬到虫子，也权当补充蛋白质了。"

大家听了都觉得小张口味重，追着小张打，办公室的气氛变得既活跃又温馨。大家都说小霞就是办公室里的"开心果"。

生活中我们经常能听到"还不错""你明白吧""有没有搞错""随便"等形形色色的口头禅，那么口头禅是如何形成的呢？其实，口头禅的形成无外乎两个原因：一是重大事件对人的影响和累积效应的结果，能反映说话者的心理；二是人在长期的生活环境和习惯下养成的一种固定的语言反应模式，当类似或相同的情况出现时，口头禅就会脱口而出。

所以，通过一个人的口头禅，我们可以推断出说话者的性格和心理。比如，总说"那不行""没戏"这类口头禅的人往往遇事消极悲观，缺乏自信。而把"没问题""我来""小case"等口头禅常常挂在嘴边的人则会给人自信、阳光、积极向上的印象，他们一般内心强大，值得信赖。

区别于透过他人的眼睛、动作、表情来观察对方，对于女人而言，留意一个人的口头禅并据此推断对方的性格、心理、内心想法的方法相对来说更为方便，操作性更强，且不易引起尴尬。具体来说，人们常用的口头禅及其反映的心理有以下几种。

1. 从众型口头禅

从众型口头禅代表性词语有"随便""差不多""都可以""你看呢"等，常说这些口头禅的人遇事往往缺乏主见，容易随大流，不愿意承担责任，出了问题就会把责任推得一干二净，但是这类人性格大多比较温和。

2. 积极型口头禅

"太棒了""很好""没问题""不错"等口头禅能反映出说话者积极向上的心理。常说这类口头禅的人往往比较热情，有正能量，容易让人亲近，说话有感染力，他们愿意相信人生中的事情都会朝着好的方向去发展，能在不知不觉中带动人们的积极性。

3. 消极型口头禅

我们经常会听到别人说"郁闷""无聊""没意思""烦死了"等消极类型的口头禅，听者无形之中也会被传染上消极情绪。总说这类口头禅的人有的是性格悲观，对生活没有什么期待感，既对现状感到不满意，又没有能力去改变现状；有的则是暂时迫于生活或者工作中的压力，等危机过去，他们就又能感受到生活中的快乐。对于这两种人来说，口头禅都是一种发泄的渠道。

4. 含糊型口头禅

"据说""可能是""大概吧""也许是""不清楚"等属于含糊型口头禅，经常说这类口头禅的人一般自我防范意识比较强，不会轻易暴露自己真实的内心想法。反映在人际关系上，他们一般为人处世圆滑、老练，懂得随时给自己留余地、留退路，但从另一方面来说，这类人也很难收获真正的友情。

5. 坦言型口头禅

有的人喜欢说"真的""说老实话""不骗你"之类的口头禅，这类人注意强调事情的真实性，渴望引起别人的关注，在意别人对自己的评价，希望别人相信自己。但是过犹不及，人们往往觉得这类人缺乏自信心，并且很多人在这类口头禅的背后隐藏的是谎话，所以越是强调反而就越让人觉得可疑。

6. 命令型口头禅

"明白吗""我跟你说""你要这样"……经常说这类命令型口头禅的人一般支配欲比较强，他们在意自己的得失，不太考虑别人的感受，喜欢居高临下地与人交往，生活中常常会引起别人的反感。

综上所述，这些形形色色的口头禅并不是可有可无的废话，它们代表了说话者真实的内心想法，是一种隐晦的心思。读懂了这些口头禅，就能拨开语言的迷雾，明白说话者隐藏起来的真正意思。女人在人际交往中要多加利用，让自己更透彻地读人、识人。

在人际交往中，女人作为下属，要学会通过领导的口头禅了解对方；作为母亲，要学会通过孩子的口头禅关心对方；作为朋友、同事，要学会通过他们的口头禅发现对方背后隐藏的真实想法，以及早为自己的人际交往扫清障碍、铺平道路。

交际思语

口头禅不能只从字面上去理解，要结合具体的人物、环境、事件等来分析。比如，有的人说一些含有辱骂意味的口头禅也并不一定代表对方就是粗俗的人，有可能只是一种发泄。总之，女人要学着多看多听，不要轻易下结论，以免误读他人。

【测一测】从吃苹果的方法测你的人情世故

当你的面前摆着一个可爱动人的红苹果的时候，你最喜欢的吃法是哪样呢？从下面几种吃苹果的方法中选择一项吧，来测测你对待人情世故的态度！

A. 一定要把苹果皮削干净，并且切成许多小块摆在碟子里排列好

B. 削皮，但不切开来吃

C. 只把皮洗干净就直接啃

D. 不喜欢咬，直接搅成苹果汁

测试结果：

选 A

你很懂得这个社会的人情世故，而且能耐心地聆听不同人士的见解。但是当你遇上什么不公平待遇的时候，你通常只会把郁闷吞咽到肚子里烂掉。因为你知道这个世界的游戏规则，就算充一时的英雄，也改变不了这个世界的残酷。

选 B

你是个不肯接受现实的人。无论遇到什么样的情况，你都想维持自己的标准原则，而且不顾其他人的阻挠和劝告，你就是要达到自己心目中的理想。有时候你会觉得很累，即便身边的环境有很多不如意，你也希望可以通过自己的努力而改变。

选 C

你对自己没有什么过高的标准，只是一味地让自己随大流。听起来好像没有原则可言，但是你这种随遇而安的态度比横冲直撞要好很多。管好自己的事情，与世无争也是不错的选择，不过凡事要多留个心眼，单纯的人很容易被利用。

选 D

你对自己有一定的要求。当事实与理想冲突时，你会努力捍卫自己的思想；但是当事实胜于雄辩的时候，你也不会太过坚持，不会让自己累得趴下。有时候会觉得自己白忙一场，有时候又会觉得自己懒得忙了。所以面对很多事情，要及时衡量值不值得自己去做。

第八章

将心比心，攻克对方的心防

　　《万善集》中说："物我一体，将心比心。"每个人喜欢和讨厌的东西其实都大致相同，心理学上也提出过"心理换位"的概念，即设身处地地站在对方的立场去思考和处理问题，"将心比心""己所不欲，勿施于人"等。掌握这种方法，是女性朋友提高社会交往能力、融洽人际关系的有效途径。

巧妙示好，化解他人的敌意

我们的骄傲多半是基于我们的无知！

——［英］多丽丝·莱辛

　　一个孩子，尤其是刚出生不久的婴儿，前一秒可能还在微笑，但是当下一秒他们见到陌生人时，往往会瞬间收敛起自己的笑意，马上安静下来，随后表现出惊慌或恐惧的表情，甚至还会啼哭。可是当陌生人拿出玩具或者零食，用柔和甜美的声调和孩子们沟通时，他们往往又会很快和陌生人亲近起来。

　　幼儿尚且如此，成人身上就更明显。人们对陌生人怀有的敌意和防御心会随着年龄、阅历的增加而增加。在成人的世界里，如果我们来到一个完全陌生的环境，认识一些陌生的人或是对他人造成威胁时，将难免会感受到人们身上的敌意，而这种敌意不经处理将会引发后续的矛盾和冲突。

　　赵琪被公司从北京总部调派到了郑州分部，升任运营总监一职。第一天上任，赵琪就感受到了一些同事对她的满满的敌意，他们不和她搭话，也没有笑脸。赵琪了解后发现，原来在她任职之前，一直由另外一位运营总监管理相关事务，时间久了，大家相处得很有感情，但是前几天，这位运营总监忽然被下调了。所以赵琪一来，大家都认为是她挤走了他们的好领导，因此对她都没有好脸色。

几个月下来，不管上面分配什么工作，赵琪都没有进行得顺利过，不是卡在这个环节，就是困在那个环节。赵琪开会严格批评了相关环节的负责人，但是大家表面上听从了，私底下却对赵琪有了更深的敌意，甚至还流传出了赵琪工作不力，不用多久就要被调离郑州的传言。赵琪苦不堪言，她不知道怎么才能消除大家对她的敌意，跟大家和平相处。

将心比心，每个人都会对陌生人或者可能会威胁到自己的人产生抵触心理，所以女性朋友在和他人建立人际关系的时候，一定要先了解对方真正的需求，有针对性地示好，化解对方对自己的敌意，进而获取他人的信任，建立好人缘。

示好不难，难的是了解对方对你产生敌意的原因，然后按照对方的意愿巧妙地示好。否则非但不能化解对方的敌意，反而有可能造成更深的误会。

1. 主动、直接地示好

陌生人之间经常会由于信息不足而产生误会，导致对方产生焦虑感，进而对你生出敌意，这时不妨找个机会主动向对方透露你的信息，多谈一些自己的情况，让对方试着放下戒心，消除对你的误会。

有时候刻意地示好会让双方感觉不自然，这时可以从细节入手，不动声色地示好，让对方接受起来没有压力，又能感受到你的诚意。比如保持微笑，主动打招呼，遇到不明白的问题主动请教等，对方感受到你的诚心，自然会逐渐化解对你的敌意。

2. 经过第三方间接示好

在有条件的情况下，不妨找到一个彼此都认识或者相熟的中间人，把自己的真实想法或者欣赏对方的话传达给中间人，通过他代为传话，这样既能起到消除误会、沟通了解的作用，也有利于双方接受。

女人在社会交际中不仅要会做事，还要会做人，要学会广结善缘，主动向身边的人示好，多和他人沟通交流，表现出自己的善意、温和的一面。

3. 通过反省和改正示好

发现有人对你有敌意时，与其愁眉苦脸、愤愤不平，不如先静下心来，仔细反省一下自己是在哪个环节出了问题，是不是有做得不妥当的地方，得出结论后，要试着改正，以避免同样的事情再次发生。

当然，如果他人是在刻意针对你，在一些问题上故意刁难你，那你首先要做的是把事情做得更出色，用实力还击对方，建立自己的威信，而不是忙着把时间浪费在向对方示好上面。

有些女性朋友性格强势，气场强大，走到哪里都容易引起周围人的警戒心。对此，在日常生活中，女人要注意说话态度柔和，多用敬语，学会察言观色，经常把"对不起""谢谢""请"等挂在嘴边，试着快速融入团体，这样他人自然就不容易对你产生敌意了。

🍷 交际思语 🍷

理解是沟通和交际的桥梁，女人站在别人的角度去说话和做事，往往就能更加理解对方。当理解的桥梁架起来时，无论双方中间隔着什么因素，都不能阻碍两者顺利地交流。

认真倾听，诱使他人吐露心声

> 我打破沉默的方法就是忘记自己，去倾听他人心底的沉默。
>
> ——柴静

关心自己是人的本性，人们对自己的需求和问题的关注程度要远远超过其他人、其他事。受这种心理的影响，很多人说起关于自己的话题总是滔滔不绝，完全不考虑听者的感受。然而生活中，有魅力的女人往往不是喋喋不休者，而是善于倾听者。

有心理学家说过："以同情和理解的心情倾听别人的谈话，是维系人际关系、保持友谊的最有效的方法。"人们渴望得到认可和欣赏，也希望拥有听众，在每个人都抱有这种心理的情况下，能放下自身，选择倾听别人的人就显得难能可贵了。

有报道称，很多日本男性由于工作和家庭的压力，下班后往往不会选择回家，有的人会花钱雇人和自己聊天，为的就是能掌握说话的主动权，体现自我价值，重新找回被压榨的自尊。可见，懂得倾听能满足他人的心理需要，获取他人的信任。因此，学会倾听是女人在日常生活中和职业场合中都要掌握的一个技巧。

1. 全心全意聆听

所谓全心全意倾听，不是只用耳朵听听就可以，聆听别人说话时，要撇开令自己分心的一切因素，用心去洞察对方的心意。不要轻易打断对方说话，你只需要静静地听就可以，最好保持眼神的接触，让对方感受到你的专注。这时，说话者被尊重、被欣赏的需求就得到满足了，他会从心底对你产生好印象，甚至将你归入自己人的行列，对你说出肺腑之言。

倾听时注意要保持全神贯注的姿态，不要东张西望，也不要做抖腿、打拍子等不尊重谈话者的动作，这样虽然也是在听，但等于变相告诉谈话者"我对你说的一点也不感兴趣"，会打击谈话者的尊严。

2. 鼓励对方说下去

有的谈话者非常在意聆听者的反馈，还有一些人性格内向，虽然他们有表达的欲望，但是又有着诸多担心，说话时会出现吞吞吐吐、欲言又止的现象。这时就需要聆听者适当地给予一定的鼓励，协助对方吐露心声。

比如，可以在对方稍作停顿或欲言又止时做出语言暗示，用"然后呢""请继续""多给我说一些"等简短的话鼓励对方多说一些，往往越简短的句子越有力量，能够让谈话者感受到你的高度关注，从而更加振奋。

3. 以对方为中心

法国一位哲学家说过："如果你想结仇，你就要比你的朋友表现得更出色；但如果你想要得到朋友，那就要让你的朋友表现得更出色。"用心倾听对方，在谈话时以对方为中心，能令对方生出主角光环，对你产生好感；倾听时找到对方的兴趣点，以对方感兴趣的事情为话题，更容易攻破他人的心防，诱使他人吐露心声。

陈辉在县一中读初二，由于性格内向，陈辉基本上不和班上的同学说话，总是独来独往，班级活动也是一个人待着，他的班主任刘老师看在眼里，急在心里。

周末的一天，刘老师到陈辉的家里拜访。和陈辉的父母寒暄了一阵后，刘老师来到了陈辉的房间，她看到陈辉屋里摆满了飞机模型，就问他说："你很喜欢飞机？"陈辉点了点头："嗯，我想当飞行员。"刘老师露出了和蔼的笑容："飞行员很好啊！有梦想，这是好事，我支持你。"

陈辉抬起头，惊喜地说："真的？刘老师真这么想？"

陈辉感受到刘老师肯定的态度后，一改平时寡言少语的状态，围绕着飞机和飞行员方面的事情跟刘老师聊了很多，刘老师就微笑地听着，不时地鼓励陈辉继续说下去。

最后，陈辉告诉刘老师，自己之所以不爱和同学们说话，是因为大家都嘲笑他，说他拖班级后腿，不好好学习，天天只做当飞行员的白日梦。

刘老师得知这个原因后，教育了班上的同学，她还以梦想为主题召开了一场班会，让班上的同学畅所欲言，大家都踊跃发言，说了各种各样的梦想，从那以后，再也没有人嘲笑陈辉了，他的性格也逐渐开朗起来，能够和同学们融洽相处了。

在与人谈话时，不要总想着表现自我、占据话语主导权，女人要学着让出核心位置，让他人获得表现的机会，给予他人被关注的感觉。心理学家通过观察发现，人们喜欢倾听者多过于善说者，在倾听的过程中，因为对方的需要，你会成为一个很受欢迎的人。再适当地加以暗示、鼓励、附和，女人就能轻松获取他人的信任，诱使他人说出自己的心声，成为他人心中的自己人。

🍷 交际思语 🍷

女人在倾听时，不要随意打断别人的讲话，即使对方滔滔不绝，甚至语言表达和思维逻辑显得有些混乱，也不要随意打断别人，要知道，这是一种不礼貌的行为。

投其所好，让对方甘心为你所用

男子间的友谊，是建立在个人的观点和兴趣上；女子间的交往，则是由于她们处于共同命运。

——[法] 西蒙娜·德·波伏瓦

心理学研究表明，人的行动往往受到情感体验的引导，所以当我们想和别人产生相互理解、共同合作的行为效果时，首先要积极参与到对方的情感中去。只有当一个人喜欢你、认可你时，才能对你有好印象，投其所好便能帮我们快速地实现这一点。

心理学家做过一个试验，证明了人们在好心情下更容易帮助他人。他们会在一个公用电话亭里随机摆放一枚硬币，装作是前面打电话的人遗忘在这里的，被测试的人进入电话亭后，看见这枚硬币，心里就会产生一种"没想到还能省一枚硬币"的想法，随后就会有一种高兴的心态。这时，组织试验的人抱着一摞书从电话亭门前走过，并故意让书掉到地上，结果发现，电话亭里心情较好的被测试者大部分会帮着捡起地上的书，而没有捡到硬币的人，帮助陌生人捡书的概率就小得多。

可见，人的行动会受到情感体验的引导，要想让别人为你提供帮助，那么投其所好，让对方拥有一个好心情是必需的。在生活和工作中，小到让同事打印一份文件，大到求别人帮忙，往往都需要投其所好，让他人主动自愿地帮助自己。投其所好的关键是了解对方的"所好"是什么，抓住这一点，对方自然也会乐于为你排忧解难。

民国初年，官员都好赌。张作霖也喜欢打牌，而且张作霖的牌风不好，只许赢不许输。他基本每天都要打几圈麻将，很多国家大事和干部的升降任免都是在牌桌上决定的。

有一个人想在东北谋个差事，于是托了一个能说得上话的人帮他推荐，张作霖也同意了，却迟迟不下发任职文书，把这个人急得坐立不安。无奈之下，他又找到了张作霖的顾问，把自己的情况跟这个顾问仔细说了，求他帮着催一催。

这个顾问却说什么都不敢答应，推托道："不行不行，大帅既然已经答应你了，我现在再帮你去问，倒好像是要追问他似的，他看你这么迫不及待，说不定非但收回给你的差事，还要责罚于你。"

这个人听了，急得直跳脚，不过顾问却又计上心来："我有个主意，大帅爱打麻将，到时候我找你过来凑手，你是打麻将的老手，打牌时你要只输不赢，要让大帅赢得开心，到时候你的事基本就成了。"

这个人自然听从。到了约定的那天，这个人把张作霖手里的牌摸得透透的，张作霖要什么牌，他就打什么，次次都输。张作霖呢，他的牌从来没这么顺过，要什么来什么，他高兴得手舞足蹈。

打完牌散场后，顾问故意讨好张作霖说："大帅，您今天这牌打得可真是太棒了！"

张作霖笑笑说："运气好罢了。"顾问顺势接上一句："新来的那一位今天可就输惨了，听说他有些才干，大帅还许给过他差事。"

张作霖听了猛然想起来，拍着脑门说："噢，对，想起来了，有人推荐过他。"没过多久，那个人前往东北做官的任命书就发到了他的手里。

从心理学的角度而言，每个人都有自己独特的喜好，在实际与人交往中，女人要学着抓住他人的喜好，给别人留下好印象，积累好人缘，在需要帮助时他人自然会伸出援手。

1. 赞美对方身上的闪光点

赞美是最廉价也是最珍贵的，既不用花费分文，可以张口就来，又能带给别人幸福感。每个人都希望得到别人的欣赏，并会在受到赞美时产生喜悦的心情，所以我们要善于利用赞美去投其所好。

在赞美别人时，要注意挑选对方身上的闪光点，真正说到别人的心坎上。比如，有的女性长相出众，那么身边赞美她外貌的人可能有很多，这时你发现她闲暇时喜欢烹饪，那你就可以赞美她的厨艺，对她说："真看不出来，没想到你人长得美，厨艺还这么好，真是内外兼修、才貌双全啊！"对方听了一定会欣喜，认为你是一个很有眼光的人，会欣赏你，对你产生好印象。

2. 瞄准对方的兴趣点

找到对方感兴趣的事物并给对方展现自己的机会，这也是投其所好的一种手段。具体来说，女人可以通过察言观色了解一个人的兴趣点，在和他人交谈时，让对方说得眉飞色舞、手舞足蹈的往往就是他的兴趣点，顺应这个点往下说，通常就能收到很好的沟通效果。

我们还可以通过一个人的穿着打扮推断他的兴趣点，比如一个经常戴着耳机的人可能对音乐感兴趣，一个穿着精致的人往往对时尚感兴趣，等等。

另外，还可以从男女性别的不同出发寻找对方的兴趣点。在无法通过交谈、观察推断他人喜好的情况下，我们可以按照不同性别的大致喜好去处理。一般来说，女性朋友通常对明星、美容、宠物、服饰等感兴趣，男性朋友通常对时政新闻、运动、股票、理财等感兴趣。

当然，具体情况还需要具体分析，女性朋友要做好充分的观察研究，不能妄加推断别人的喜好。但是无论如何，只有站在对方的角度考虑，让对方高兴，才能获得别人的好印象，进而让对方欣然相助。

🍷 交际思语 🍷

所谓兴趣点，是指对方关注的或熟悉的事物，人们往往会在自己能掌控的话题上更加放松，更有表现欲，所以，围绕对方的兴趣点交流，更容易让对方对你产生好感。

激怒对方，请将不如激将

无论你怎样地表示愤怒，都不要做出任何无法挽回的事来。

——［英］培根

《孙子兵法》中有言："怒而挠之。"意思是说，对于易怒的人，要用挑逗的方法激怒他，使其失去理智。愤怒有时候更容易暴露出一个人的缺点，但愤怒也能激发出一个人超强的才能，所以才会有"请将不如激将"的说法。所谓"激将"，就是通过具有刺激性的语言或行动来激发、鼓励别人去做某件事，激起他人的好胜心。

小李以全校第一的成绩考取了北大。在"'学霸'就是'学霸'"的议论声中，只有他自己才知道曾经摔得有多惨，吃过多少苦。

就在高三第一次月考成绩出来的时候，他的英语成绩是惨不忍睹的84分。

为了"逆袭"，他终于同意了父母给他补课的建议。

他没想到他的英语老师徐老师竟然是位帅哥。

第一次上课，徐老师直截了当地问："你是不是认为男生都学不好英语？"

本来年龄差距也不大，小李有些口无遮拦："反正我还真很少见到英语学得出色的男生。"

"不要拿性别为你的失败做借口，科目性别论那都是胡说！"这句话对小李来说可谓当头棒喝。徐老师继续道："你可能还自觉聪明，瞧不起努力的人，认为人家不过是笨鸟先飞。但是我只能说，你那是懦弱，你接受不了自己努力了还比不上人家的现实。现在如果你觉得我没资格教你，那等你高考英语考过我当年的146分，再来跟我说这句话。对了，还有，如果因为我这次说了你，你就不上课了，那作为男人，我绝对瞧不起你。"

小李不由得恼羞成怒，于是接着上课去了。后来，徐老师说，正因为看出他这种聪明的学生用激将法最有用，所以肯定他会接着上课。于是，也就有了这匹在高中杀出的"黑马"。

其实在感情的领域，激将法也同样可以出奇制胜。

走过万水千山的三毛，也曾经和荷西吵架，一气之下摘了戒指就回了娘家。荷西百般恳求无效，后来灵机一动，给三毛写信说搬来了一位英国女孩做邻居，正好教他英文，还请他吃饭。三毛看了信之后，果然吃醋，发电报说要"回去拼命"。于是，河西的激将法成功将三毛骗回家，他还不忘在回信中说如果三毛因为这是谎言又不肯回来拼命，也没关系："因为我和她正要出去潜水呢！"当然，结果我们都能猜到，毕竟是如此幸福的一对璧人。

激将法是一种非常巧妙的手段，能够激发别人的潜力，达到自己的目的，但是聪明的女人更懂得运用激将法的尺度。首先，激将法要选对对象。既然是"激将"，那么对方一定得是一名"将"，换句话说，对方一定是自尊心和荣誉感极强的人。激将法是利用他人的叛逆心理和自尊心来激发内心积极性的方法，对于破罐破摔、麻木不仁、逆来顺受者，激将法是不适用的。

其次，运用激将法要选对立场。拿上面三毛的例子来说，荷西能达到自己的目的，是因为他巧妙地挑动了三毛心中那根情深意长、不肯决绝的弦，这样既激发了对方的醋意，又加深了双方的感情，这才是激将法的上上之策。

在心理学上，激将法又分为直激法、暗激法和导激法，女性朋友在实际运用中要结合具体对象和具体情况恰当运用。无论哪种方法，只要运用得当，就能最终达到自己的目的。

1. 直激法

直激法就是通过直接地、面对面地贬低、羞辱和刺激对方，达到激怒他人、使对方"跳起来"的目的。

例如，当下属工作懈怠、积极性降低的时候，你直接批评他说："本来以为你是公司高薪聘请来的员工，一定能专心工作，拿出好的成绩，来年当个经理也没问题，没想到你浑浑噩噩、无所事事，看来你根本没信心也没能力干好这份工作。""谁说的？我有信心，也有能力！"如果对方是个"将"的话，一定会被激怒，重新燃起工作的斗志。

2. 暗激法

使用激将法的时候，可以有意识地夸赞第三方，暗示性地贬低对方，达到激励对方发奋进取、超越第三方的效果；也可以故意拿出对方的光荣历史来对比，激励对方改变现在、超越过去，这两种方法都属于暗激法。

比如，在实际生活和工作中，女人想要他人完成某件事情或某件工作的时候，可以适当地使用暗激法，既表示相信对方以往的能力，非常想让对方完成，又表现出一定的担心，那么对方往往就会拍着胸脯保证没问题，同时为了显示自己的能力，对方的潜能也会被最大限度地激发出来。

3. 导激法

导激法是"激中有导"的方法，即在否定、贬低对方的同时，抛出激励性或诱导性的语言，目标相对而言更明确，会明确表示想把对方的热情激发出来，引导到你希望看到的方向上来。

女性朋友在运用上面所说的各种激将法时，一定要注意使用技巧，注意区分对象，辩证地把褒与贬、抑与扬有机地结合起来，以取得最佳效果。

🍷 交际思语 🍷

激将的语言一定要把握好分寸，不可太轻，太轻没有效果，也不可太重，太重会直接伤害到他人，巧妙地把握好激将的尺度，才能达到你想要的目的。

【测一测】你是重色轻友的人吗

你和闺蜜一起外出旅游，回来之前，你们想在那里买同样的戒指，当作友情的纪念。你们会挑下面哪种类型的戒指呢？

A. 高价的名贵戒指

B. 小型的钻石戒指

C. 奢华而引人注目的大戒指

D. 精巧细致的可爱戒指

测试结果：

选 A

遇到紧急情况，你通常会舍友情而取爱情。一有谈恋爱的机会，你会弃亲友如敝屣，口头上虽然说着重视友情，但要在二者之间做选择的话，难保你不会背叛长久的友情。

选 B

你是通情达理的人，心地善良，不愿意伤害身边的朋友，但同时你又容易为爱情所困，陷入情网难以自拔。当遇到三角问题时，你通常会独自苦恼，极力挣扎，但最后还是会甘愿做爱情的奴隶，选择爱情。

选 C

你非常看重自我，甚至有些唯我独尊。你善妒，面对朋友拥有的幸福，你通常会攀比嫉妒，毫无祝福的雅量。你会把自己的爱情和婚姻置于友情之上。

选 D

你非常珍视友情，对朋友体贴照顾，处处替别人想。即便爱情和友情之间发生了冲突，你也会保持理智，依旧珍惜友情，不轻易采取行动，努力通过自己充满诚意的沟通化解爱情和友情之间的矛盾。

第九章

正确处理你和朋友之间的亲密关系

好的朋友是我们人生的一盏灯，能照亮前路，温暖心灵。我们一生要和无数的人来来往往，却只和少数的几个人亲密无间。列宁说："友谊建立在同志中，巩固在真挚上，发展在批评里，断送在奉承中。"我们要学着正确处理和朋友之间的关系，它是女人生命中无比重要的一堂课。

泄露隐私是获得友谊的捷径

> 友谊总需要用忠诚去播种，用热情去灌溉，用原则去培养，用谅解去护理。
>
> ——[德] 马克思

好朋友的重要标志之一就是彼此之间可以分享秘密，喜欢探知别人的隐私是每个人或多或少都有的兴趣，在大多数人选择紧紧保护自己以寻求安全感的时候，聪明女人已经主动出击了，她们懂得在人际交往中主动透露自己的隐私，快速获得友谊。

人际关系中的亲疏差异有着很微妙的作用，当一个人得知自己在某个人心中的位置不一样时，往往会生出强烈的满足感，进而把对方当成自己可信任的朋友。泄露隐私便可以轻松达到这种效果，当你向对方泄露你的某个隐私时，就等于给了他一项特权，即这个隐私是排他的，是你们共有的秘密，这能瞬间消除两者间的距离和隔阂，将两个人捆绑在一起。

嘉文性格温柔细腻，她经常会照顾身边人的情绪，因此有着不错的人缘。有一次同学聚会，吃完饭大家都觉得没聊尽兴，又一起去了KTV。包厢里大家三五成群，谈论嬉笑，嘉文却发现阿香一个人坐在角落里，低着头不言不语，情绪非常低落。

趁着阿香去洗手间的工夫，嘉文也跟了出去，她叫住了阿香，问阿香是不是有什么心事。阿香摇了摇头，神色颇为警戒。嘉文多多少少知道阿香的个性，阿香在大学里就是出了名的好脾气，从不与人为恶，从不背后说人坏话，毕业后就在父母的张罗下和一个做生意的男人结婚了，鲜少见她在朋友圈发布和外界联系的动态。看她现在这个神态，八成是因为家里的事。

思前想后，嘉文问阿香想不想出去走走，得到肯定答复后，嘉文一边走一边说起了自己的事情："有件事我一直藏在心里，从来没跟别人说过，它是我心底的秘密。我其实是单亲家庭长大的孩子。"

正低头走路的阿香闻言惊讶地抬起了头，她不敢相信同学中性格最温和、待人最真诚的嘉文竟然在单亲家庭长大，她一直以为嘉文是从小受父母宠爱长大的乖乖女。

"挺惊讶的吧？"嘉文微笑着说，"在我很小的时候，父母就离异了，我一直跟着妈妈长大。那时候我上初中，不知道是谁告诉了班上的同学，大家都在背后嘲笑我是没有爸爸的野孩子，也不跟我玩，直到升入高中才有所好转，这大概就是为什么我会照顾身边人的情绪的原因吧。因为我知道，没有人安慰自己的感觉，真的挺难受的。"

阿香听完就哭了出来。她告诉嘉文，自己之所以这么难受，是因为昨天和老公吵架了，吵得特别凶。她本来决定要和那个男人离婚的，可是听了嘉文的话，阿香觉得，就是为了孩子，自己也要理性一些，不能让孩子承担不该承担的痛苦。

从此以后，阿香把嘉文当成了最好的朋友，她也开始慢慢地改变自己，学着打开心门，和别人分享自己的秘密。

在两个人交往到一定程度时，主动向对方泄露自己的隐私，就好像小动物主动把柔软的腹部对着熟悉的人一样，代表着信任、示弱和依赖，这样的做法能够快速有效地建立起亲密的友谊。

反观那些隐瞒自己隐私的人，他们把自己包装得很神秘，任何人都不知道他们的底细，结果往往给人一种他们谁都不信任的感觉，别人自然也不愿意靠近他们，更不要说帮助他们了。所以女人要懂得适当向别人透露自己的隐私，拉拢人心。

不过，在泄露自己的隐私时，一定要注意选择对象，并不是说女人为了获得友谊就要随便泄露自己的隐私，要注意挑选合适的准朋友和合适的个人隐私。你想把一个重要的秘密告诉对方，前提是了解对方是否值得信任，会不会出现你今天告诉他，明天就闹得满城皆知的现象？

其次，不要告诉他人涉及第三方的不利隐私，这不仅有损第三方的利益，还会在听者心中留下背后讨论他人隐私的不良印象，进而会不信任你，更不放心把自己的事情告诉你，建立友谊也就无从谈起了。此外，即便是泄露自己的隐私，也要注意认真筛选，不要将影响自己形象和前程的隐私随便透露给别人，以免稍有不慎被人拿去当成话题或者笑柄。

当然，在泄露隐私时，还要确认对方会对你的秘密感兴趣，否则你下了很大决心透露了自己的隐私，别人却丝毫不感兴趣，那就毫无意义了。沟通时，女性朋友可以多加留意，挑选彼此之间相似的隐私来说，这样更容易让他人放松警惕，也更容易建立起互相信任的友谊。

🍷 交际思语 🍷

女性朋友在向他人泄露自己的隐私时，态度一定要真诚，要表现出自己的诚意，同时也表达出不想让第三个人知道的意愿。这样既能有效地保护你自己，也能打动他人，让人感受到你对他的重视。

遇到贵人也要不卑不亢

> 于顺境中交朋友只需费一举手之劳；在困厄时寻找友谊简直比登天还难。
>
> ——［古罗马］爱比克泰德

我们无法通过一个人的努力获得成功，除了依凭自己的坚持不懈和幸运的光临，贵人的扶持对我们而言相当重要。在好莱坞流行着这样一句话："成功不在于你知道什么，而在于你认识谁。"而要想与贵人建立友情，恰恰要做到正常交往、不卑不亢。

"贵人"是一个相对的概念，是相对于普通人而言的，比如领导、长辈、能给自己提供帮助的人等，都可以称之为"贵人"。虽然贵人能为我们的前进提供助力，但是和贵人相处也是一种自然的人际交往关系。女性朋友一方面要尊重对方，让对方感受到尊贵，另一方面也要保持本色，做真实的自己，不必过于拘谨。

吴晴是北京一家韩式婚纱摄影店的摄影师助理。国庆的时候，韩国的婚纱摄影总店的店长来店里助阵，并且还表示会挑选一名表现最出色的员工随他赴韩国免费进修学习。当店长到店时，整个店里的人几乎集体出动，有给他端茶倒水的，有跟他合影留念的，将现场围了个水泄不通。

　　吴晴看着眼前混乱的场面，没有选择参与进去，而是默默地回到自己的工作岗位，认真地联系预约来拍摄婚纱照的新人们。当她沉浸在工作中时，店长突然出现在她面前，他指着自己的衣服，操着一口流利的中文问她哪里有洗手间。吴晴发现店长的外套上有些咖啡渍，估计是刚才人多不小心弄上的。

　　吴晴像平时工作时处理新人们的事情一样，温和有礼地告诉店长："不用担心，您把外套脱下来，我可以帮您处理，等弄好了我再给您送去，很快就好，不会耽误您太长时间。"

　　店长明显感觉到她和其他人不太一样，于是故意问道："你知道我是谁吗？"

　　吴晴笑着说："当然知道了，这里的每一个人都知道您是总店长。"

　　店长更惊奇了："那你为什么不去前面欢迎我？而且怎么你对我的态度和他们不同呢？"

　　吴晴的笑意更浓了，她对店长调皮地眨了眨眼："正是因为他们太热情了，您才会逃出来的，不是吗？"

　　店长哈哈大笑起来，满意地点了点头，放心地把衣服交给了吴晴去处理。最后，他选择把去韩国进修的名额给了吴晴，并和吴晴成了好朋友。

　　由此可见，虽然由于每个人的身份、修养、能力不同，会出现尊贵和平凡的区别，但是我们一味地阿谀奉承或者自惭形秽并不能获得平等的朋友关系。只有打破心理障碍，正常交往，才能和我们身边的贵人建立真正的友谊。

　　1. 尊重对方，严谨得体

　　贵人毕竟是贵人，即便我们要保持平常心与之交往，但首先也要明确双方的关系，找到相应的位置，表现出对贵人足够的尊重。

　　有时候贵人会主动提出"不必多礼""随意一些就好"之类的要求。听到这样的话，女性朋友可以适当放松一些，但切不可太过随意，不能得意忘形，一定要严谨得体，拿捏好彼此之间的距离，"礼多人不怪"，足够的敬意对于贵人而言是必不可少的。

2. 不卑不亢，不阿谀奉承

前面我们提到过"社会交换理论"，在人际关系中，当付出和得到之间失衡时，人们的心理也会失去平衡，在你一味对尊贵者示好、奉承时，对方很可能因为总是得到而产生失衡感，感受到你带给他的压力，从而疏远你。更为严重的情况是，一些人没有原则，对认定的贵人虚情假意，极尽奉承，从而让人觉得反感、厌恶。当然，也不排除有乐于接受奉承、喜欢一味索取的人，但那样的人绝对称不上是你真正的贵人。

此外，女性朋友要擦亮自己的双眼，识别你心中的贵人是"真贵"还是"伪贵"，对于伪装尊贵的人一定要敬而远之。而且女性朋友要努力提升自己，只有自己的能力提升了，才能自然而然受到他人的赏识，缩短你和贵人之间的距离，让自己距离成功更近一步。

🍷 交际思语 🍷

在尊贵者的面前，你不必过于热络，却也不必敬而远之；在低微者的面前，你不能居高临下，却也不必刻意自降身份。一切都只是平等的交流、对等的沟通，而这基于我们同样生而为人的属性。

和朋友建立共同利益很重要

> 精明的人是精细考虑他自己利益的人；智慧的人是精细考虑他人利益的人。
>
> ——［英］雪莱

很多女人认为，她们理应得到身边所有人的宠爱和迁就，却不懂得给别人送去关心。实际上，在人际交往中，如果你想和他人成为朋友，和对方建立共同的利益很重要，只要让他人感受到你们是"利益共同体"，你往往就会收到他们主动提供的帮助和关心。

所谓"利益共同体"，是指能和你一荣俱荣一损俱损的人。举个例子，大家就明白了。

1985 年，在墨西哥和埃塞俄比亚之间发生过一件关于 5000 美元救灾款的故事。当时的埃塞俄比亚多灾多难，可以称得上是世界上最贫困的国家，在食物短缺、土地干旱、饿殍遍野的悲惨状况下，埃塞俄比亚居然捐出了5000 美元给墨西哥。

如果是别的国家给埃塞俄比亚捐助了 5000 美元救灾款，可以说得上是合情合理。但是在经济崩塌的情况下，埃塞俄比亚为什么反而要给别的国家捐款呢？究其原因，原来在 1935 年的时候，埃塞俄比亚曾经受到过意大利的侵略，当时墨西哥援助了水深火热中的埃塞俄比亚。所以在 1985 年墨西哥城发生地震时，埃塞俄比亚义不容辞地捐款，用来帮助地震中的受难者。

很显然，墨西哥在帮助埃塞俄比亚抵抗外敌侵略的时候，两国就已经形成了一定程度上的"利益共同体"，所以埃塞俄比亚会主动对墨西哥伸出援助之手。

正所谓唇亡齿寒、休戚与共，共同利益在我们的日常生活中很常见，并且发挥着重要的作用。表现在职场上，我们和公司也存在着共同利益的关系，公司持续发展，员工可以得到更好的待遇和机会，在这个基础上，员工在更高的平台上继续努力，又可以促进公司的发展。

所以，在社交中，女性朋友想要实现人际关系的良性循环，就要多想想，自己的目标和他人有没有共通之处，并且思考该如何利用这些共通之处和他人建立良好的合作关系，进而生出稳固的友谊。

思佳是某母婴杂志社的编辑，她曾经在服装行业工作过很多年，对服装饰品和流行时尚这一块非常了解。由于现代女性更加独立自主，辣妈们层出不穷，原来的杂志内容已经无法满足新女性的需求，思佳就想在自己公司的杂志中加入服装时尚这一板块。考虑到自己人微言轻，并且势单力薄，她瞄准了公司的胡姐。胡姐在公司资历老，虽然主攻母婴食品方面的内容，但是多年来一直不得志，只是个普通职员，而且思佳发现胡姐的日常穿搭非常有品位，是公司里公认的最会穿衣服的人。

了解了这些后，思佳对胡姐展开了调查，她得知胡姐毕业于某知名大学的服装设计系，设计的服装还曾经获过奖。做足了功课后，思佳相信她和胡姐有着共同的价值观和理念，再找胡姐谈的时候，她心里有底多了。

果然，胡姐一听就答应了，她甚至感觉和思佳有不谋而合、惺惺相惜的感觉。两个人上报领导获批后，试着合作改版。胡姐忙前忙后，加班加点也不觉得辛苦。在两个人的努力下，改版后的杂志居然一开售就创下了销售量的历史新高，两个人不但升职加薪，还成了无话不说的挚友。

美国西北大学的布莱恩·乌齐曾经提出过"共同活动原则"，他认为，"强有力的人际网络不是通过随意交流，而是通过你与多人共同参与的重要活动形成的"。而且据多项社会心理学研究显示，人际交往中，多人参与的共同活动能够获得更高的协作程度和更稳定的合作关系，在这种合作中，人们相互依靠，往往能发现彼此间实质性的共同利益。

通过仔细地观察，你会发现，你与周围的人或多或少都有着共同的利益。女人要善于抓住彼此间的共同利益，多与人交流，制造机会共同活动。你会发现，只要对方感觉到他与你有着相同的目标和利益，就会迅速拉近和你的距离，并且会主动帮助你，为你提供助力，进而取得意想不到的好效果。

交际思语

朋友圈就是一张关系网，同在一个圈子的人往往有着共同的爱好、利益、目标等，我们可以通过共用资源、相互帮助、互通信息等制造并稳定共同利益，学着和别人成为自己人，从而建立一个更稳定、更融洽的交际圈。

对待朋友无须斤斤计较

> 不会宽容别人的人，是不配受到别人宽容的。
>
> ——[俄] 屠格涅夫

我们都听过这样一个故事：

在沙漠中，有两个朋友在旅行。走着走着，两个人因为一点小事发生了争执，其中一个人还打了另外一个人一巴掌。被打的那个朋友觉得很难过，他一言不发，蹲下来在沙子上写下了一行字："今天我的好朋友打了我一巴掌。"

旅途还要继续，他们继续往前走，来到了草原。被打的那个在取水的时候脚下一滑，掉进了河里，河水湍急，他又不会游泳，幸好被他的朋友救了上来。上岸后，他拿着小刀在一块石头上刻下了一行字："今天我的好朋友救了我一命。"

他的朋友觉得很奇怪，问他说："为什么我打了你，你要写在沙子上，我救了你，你却要刻在石头上呢？"

被打的那个人笑了笑说："被自己的朋友伤害时要写在容易遗忘的地方，风会负责抹去它；而朋友帮助自己时，就要把它刻在内心深处，确保它不会轻易地被风磨灭。"

与人相处是一门学问，如果我们能像故事中刻字的人一样，懂得与人相处的艺术，谦让大度，克制忍让，就能轻松营造出和谐、快乐的氛围，不仅能够愉悦彼此，还能收获他人的青睐和帮助。反之，如果我们为人处世处处计较，睚眦必报，难以获得他人的欣赏不说，也不利于人际关系的开展和进行。

与人交际时，很多人会有争强好胜、计较得失的想法，如"我送了她一件礼物，她也必须得还给我一件""上次微信聊天最后一句话是我说的，这次应该她说""他这句话说得不对，我必须得纠正他""她怎么能这样，必须得跟我道歉"，等等。虽然女人学会保护自己是一件好事，但却不应该把身上的刺对准朋友。

对于女人来说，良好的心态是与人和谐相处的重要基础，处处与人计较会让朋友疏远你，从而使你的人生之路越走越窄，而谦让大度、克制忍让不仅是有度量的表现，也是你与他人建立良好人际关系的润滑剂。因此，女性朋友在与朋友相处时需要注意以下几点。

1. 学会退让

常言道："得饶人处且饶人。"宽容是一种美德，能够宽容他人的女人往往有着一颗比天空还宽广的心，宽容不仅能够解开自己的心结，还能够感染别人，被宽容的人通常会以同样的方式来宽容你。

2. 处事低调

低调并不意味着软弱、无能，反而是一种智慧的表现。在越来越崇尚表现自我的当代社会，如果女人把张扬、炫耀当成和他人一较高下的手段，只会适得其反，惹人反感。所以，当朋友遇到开心事或取得好成绩时，要真心地为朋友高兴，而不是想着超越朋友，高调展现自己。处事低调是女人良好教养的表现，更是打动他人的力量，因为低调的背后代表着你对朋友的尊重和支持。

3. 凡事以和为贵

每个人都希望获得别人的认可和尊重，所以女性朋友不要一味地批评别人，不应只盯着他人的缺点，即便朋友说错或者做错了，也不要横挑鼻子竖挑眼，而要学着赏识和赞美他人，尝试换位思考，站在别人的角度来看待事物。这不仅会令自己的人际关系变得轻松，还可以拉近你和朋友之间的距离。

4. 保持微笑

微笑是国际通用的语言，让人看到就觉得舒心、友好，它会令第一次和你见面的人印象深刻，也可以巩固你和朋友之间的友谊。女人与其因为和朋友之间微不足道的小事而苦恼，不如绽开微笑，给他人送去温暖和亲和力，自然就能扫去彼此心头的阴霾。正如卡耐基所说的，"一个人脸上的表情比他身上穿的更重要"，或许等你不经意间再回头想想，横亘在你和朋友之间的根本都是微不足道的小事。

总之，女性朋友在和他人相处时，不要太苛刻，要学会尊重他人的人生态度和处事方式，即便因为对方的问题而伤害了你，也要以容人之心去包容别人，争强好胜、斤斤计较者必会失去身边的朋友，并会为身外之物所累。

🍷 **交际思语** 🍷

生活中随处可见斤斤计较的人，他们计较自己付出了什么，更计较别人从他那里得到了什么，其实到最后他们发现，一番计较后，自己并没有赚到什么，更没有比别人快乐。所以，女性朋友应当放宽心，生活中一些无关紧要的小事，没必要总放在心上。

【测一测】你喜欢和哪些人做朋友

什么人求助于你时，你绝对不会为他提供帮助？

A. 曾经伤害过自己的人

B. 自己的竞争对手

C. 看起来并不友善的陌生人

D. 抢过自己爱人的第三者

测试结果：

A. 你喜欢跟多愁善感的人做朋友

多愁善感的人多半心地是善良的，他们的生活方式是文艺的，思想是丰富的，头脑是简单的。你宁愿跟文艺的人在一起，也不愿意选择一个满身都是铜臭味的朋友。

B. 你喜欢跟思想单纯的人做朋友

你讨厌尔虞我诈的争斗，从不会搞钩心斗角那一套，所以你喜欢跟简单的人在一起，简单的人办事靠谱，相处起来也不累心。你从来没想过害人，防人对你来说也是一件很累的事，所以你比较喜欢交单纯的朋友。

C. 你喜欢跟能言善辩的人做朋友

你不喜欢闷头葫芦，跟人相处你也会尽量选择话多的朋友，你很享受听朋友谈天说地的感觉，你觉得爱讲话的人能教给你很多东西，认为从对方说出的话中"取其精华，去其糟粕"是一件很有意义的事情。

D. 你喜欢跟积极乐观的人做朋友

你讨厌成天只会传播负能量的人，更不喜欢听人抱怨自己的生活，你觉得自己很容易受到负能量的影响，所以你积极地跟乐观的人交友，希望对方能带给你正能量，能给你鼓励。

第十章

做事业上的强女人，不做女强人

她们有事业，但不是工作狂；她们独立，但并不独断专行；她们强势，但同样懂得示弱……人们将既强大又不失女人味的女性称为"强女人"。区别于缺失性别魅力、受人排斥的"女强人"，强女人在职场上越来越受到人们的欢迎，准备好了吗？要做就做强女人！

对待上司，提建议而不是提意见

> 一个缺乏自信心的女人永远也不会有吸引别人的美。没有一种力量能比对美的自信更能使女人显得美丽。
>
> ——［俄］索菲里·罗兰

当上司显而易见地犯了一个错误时，当领导侵犯了你的权益时，当你想到比上司更好的主意时，当领导主动征求你的意见时……职场中，女人不可避免地会遇到和领导意见相左的情况，如果贸然向领导提意见，不仅会把气氛弄得很尴尬，而且如果你碰巧遇上了一个小气的领导，甚至还会影响你的前程。

"意见"本身含有对人或事的不满意的想法这一概念，指导性很强，工作中比较常见的是上级对下级使用；而"建议"则是指对人或事提出自己合理的见解，工作中多适用于面向集体或领导提出。所以，女性朋友在工作中要隐藏起自己的锋芒，向领导提建议，而非提意见。

王巧和李慧是一对好闺蜜，毕业后在不同的公司工作，王巧性格强势，李慧温柔善良，两个人性格互补，经常在一起聊天，交流工作上的心得。

李慧说起自己的领导非常满意，觉得和领导相处得很愉快，也没什么压力。但王巧就不同了，她强烈批判了自己的领导，觉得工作中处处不顺心，领导好像总是看她不顺眼，对她提出的意见更是置之不理。

李慧惊讶地说："你居然还跟你的领导提意见？"

王巧摆摆手说："别提了，你也知道我是行政助理，刚开始是领导问我，在这个地方开会怎么样，给客户送这件礼物怎么样，我提出意见后他又不听。后来他也不问我了，我看他弄得不对，又不能装作看不见，结果我给他提意见，他就装作没听见。有一次因为考勤制度不合理，我找他说了五六次，告诉他不能实行打卡机打卡制度，这样员工之间可以替代打卡，他不但不听，后来干脆躲着我，你说这领导怎么这样！"

李慧笑着说："我看不是你领导的问题，是你出了问题。我问你，你们之间谁是领导？"

王巧瞪大了眼睛，说："还用说吗，当然他是领导。"

李慧点点头说："那你怎么总是对你的领导提意见呢？即便是他征求你的意见，那你可以在合适的时机提出自己的建议，而非意见呀。而且事不过三，我觉得你就算是提建议，提出一两次后，领导还不予回应，你就不要再坚持了，说不定领导自己也有一定的考虑，你要多站在领导的角度上想问题。"

王巧听了，若有所悟。

如果你还不是一个资历很足的员工，原则上你应该尽量少跟领导提建议，在不得不提出不同的见解时，也要掌握好跟领导提建议的技巧，力求达到目的同时维护好上司的面子。

首先，注意提建议的方式，我们应该尽量让上司做"选择题"，而不是"应答题"。比如上面王巧的案例，像王巧那样直接跟领导提意见肯定是错误的，如果改成提建议的话，可以试着给出选择项让领导选择，如："领导，打卡机打卡可能会出现员工替代打卡的现象，您觉得换成指纹打卡或者签名登记的方法怎么样？"这种情况下，领导可以选择指纹打卡或者签名登记，有发挥决定权的空间，不仅能维护上司的面子，还能彰显上司的权威。

其次，提建议时说话语气要尽量婉转。如果上司哪里出错了，你可以用"也许""我觉得""是不是可以""不知道对不对"等修饰自己的建议，态度和语气不要太过强硬，通常情况下，给上司施加的压力过大也不利于你的建议被采纳。

最后，给上司提建议要选对时机。女性朋友最好在没有第三人在场的情况下向上司提出建议，如果是很多人在场的情况或者他人正夸赞领导的时候，最好不要向上司提建议，那会严重伤害领导的自尊心。可以将建议暂时先放在心里，找到合适的机会再私下与领导沟通。

交际思语

向上司表达建议并没有一成不变的处理模式，女性朋友在准备向上司提建议时要考虑说话的场合、上司的脾气、建议的可操作性等，然后选择最为合适的方法表达你的建议。

工作中没有"女士优先"

> 女人性情的巨大变化，往往由事业心引起。
>
> ——［印］泰戈尔

"女强人"这个词就像被蒙上了一层滤纸，从人们的口中蹦出来时，总有着一种过于强势、性别缺失的味道，就连女性自己对这个词也会下意识地排斥。

一些女性不想做女强人，认为在职场中努力展现自己的女性魅力就可以一路绿灯、事半功倍，而实际情况却恰恰相反，"女士优先"的规则并不适用于职场，女性在工作中若拿自己的性别当借口，反而会招致别人的反感。

一份专业的职场调查显示，有78%的经理人认可"职场中性"，也就是说他们认为女性在职场中应该靠能力而不是靠性别取得优势。女人在职场中经常抱有"累人的活应该让男人来干""我要接送孩子，迟到早退正常""我是女人，犯了错也不能指责得过于严苛"等想法，往往会对其自身的发展不利。

小玉大学毕业后找到了一份房产中介的工作，由于公司里女性较少，小玉自然而然地成了公司里的"一枝花"。

工作之外大家都对小玉非常照顾，把她当小妹妹一样看待。久而久之，小玉渐渐产生了一种优越感，工作时经常让别的同事替她分担工作，对待客户也懒散应付,她认为大家平时都对她那么好,工作上即便出现什么差错,撒个娇也就过去了。

然而,让小玉没想到的是,由于她不积极工作,对待客户的态度也不好,她的业绩直线下滑,还收到了很多客户的投诉,领导当众批评了她,原先那些私下对她很好的同事这时没有一个站出来替她说话。小玉觉得很委屈,她认为自己是女人,业绩不如那些男人是正常的。于是她一边哭一边跟领导解释,说自己对客户态度不好是因为生理期情绪不好,希望领导原谅她。没想到领导听了更为生气,一怒之下决定辞退她。

小玉这才明白,工作中大家不会把她当女人看,领导看重的是工作能力,即便再会撒娇,再会哭诉,没有过硬的能力,大家也不会信任她,她也就无法在公司立足。

职场中,女人通常通过外表和性格特质强调自己的女性特征。有的女人十分看重自己的外表,希望走到哪里都能引起别人的注意,赢得异性的追求,她们往往会花费大量的精力打扮自己。在职场上,这种做法反而会不利于女性的发展,过分修饰外在不仅会引起男性同事对你的误解,还会招致女性同事的敌视。

还有的女人像案例中的小玉一样,过于夸大娇柔、脆弱的女性内在特质,希望获得男性的理解和帮助。实际上,"女士优先"并不适用于工作,男性给予女性的尊重不可被女人视为工作中的优势,女人只有自己努力才能在职场上真正赢得别人的尊重。

所以,工作中女性朋友不要过分强调自己的女性特征,即便不做女强人,也不能矫枉过正,走向另一个极端。

女人要想在职场中做强女人,就要摆正自己的心态和位置,努力学习,从而提升自己的能力。比如在旅游行业,女人如果想成为佼佼者,就要努力掌握足够的景点信息和旅游法律知识;在IT行业,如果想崭露头角,就要提高自己的编程能力;在金融行业,如果想有立足之地,就要具备足够的沟通能力和数据分析能力。总之,这是一个靠实力说话的时代。

交际思语

　　女性朋友切忌夸大两性之间的差别，"因为我是女性"这样的撒娇意识最好不要带到工作中来，"男人就该多承担一些"之类的想法会导致你对男同事更加依赖。与其将"你帮我做一下这个""这个我做不来"挂在嘴边，不如提高自身能力，加强责任心，做个真正的强女人。

不做贪功冒进的"笨女人"

> 耐心和持久胜过激烈和狂热。
>
> ——［法］拉·封丹

职场中每个人都有各自的分工和利益，因此也有一些看似不成文却不可不遵守的职场规则，不贪功冒进便是其中之一。有的女性头脑灵活，进取心强，敢于积极展示自己，常常能赢得领导的赏识，但过于贪功冒进就犯了职场大忌。

比如：在领导象征性地询问大家对某件事的意见时，你屡屡举手发言、滔滔不绝；同事没能处理好一件事情，你积极挺身而出取而代之；公司组织开会，你抢着找场地，催同事入席；等等，这些都是贪功冒进的一些表现。

置身职场，最重要的是适应环境而非改变环境。对于女人而言，要明白职业发展是一个漫长的过程，没必要只争朝夕。想要取得领导的信任、同事的认同，必须用长久的努力和持之以恒的耐心踏实地前进，并最终找到自己的定位。

李菲菲是摄影协会的一名普通员工，她认为自己毕业于名校，学历显赫，而且一毕业就能进到摄影协会里来，代表着自己能力超群，她总想着能在工作中一鸣惊人。

有一次，摄影协会组织了一次国际摄影作品大赛，邀请了很多国际知名摄影师来参加，为了保证比赛的顺利进行，领导早早就为摄影协会的每个员工安排了工作。李菲菲的工作是为外来参赛选手安排住宿、联系接送车辆等。

但是当外宾来到比赛场地的时候，摄影协会的领导们都傻眼了。只见李菲菲突然出现在接待场地，她顶替本该负责接洽外宾的另一名同事，用"中式英语"不停地与外宾打招呼、交谈，为表示热情，她甚至还拉着外宾在摄像机前握手合影。领导和外宾都被李菲菲弄得非常尴尬，但公众场合又不好直接斥责她。

最后，摄影协会的另一名领导以找李菲菲帮忙为借口把她叫了出去，大家才都松了一口气。比赛结束后，摄影协会的人都对李菲菲有了"进一步"的认识，大家都认为她好显摆、贪功冒进，因而处处都躲着她。认识到事情的严重性后，李菲菲默默选择了离职。

聪明女人懂得积极为上司分忧，但前提是认清自己的位置，在自己的职责范围和能力范围内做好本职工作，贸然贪功进取只会自毁前程，百害而无一利：首先，贪功冒进会给人好出风头、不懂规矩的坏印象；其次，会造成贬低领导、伤害同事利益的恶劣影响；最后，贪功冒进会让人怀疑你有抢班夺权的目的。

如果被冠上这样的形象，纵然女人付出十倍的努力，也将无法收到任何益处。所以，女性朋友即便取得了一定的成绩，也不要因为得到肯定而感到飘飘然，进而处处表现自己。工作中如果不知收敛、一味往前冲，反而更容易暴露自身的缺陷，职场上一个小的失误往往就会抵消你多年的努力。

高调张扬、贪功冒进只可能抢到一时的风头，一声不吭、埋头苦干也绝不是职场取胜的法则，我们在工作中要注意以下几点。

1. 不可过分积极

凡事都有度，虽然主动积极是工作中所提倡的，但过分积极就容易给他人留下爱表现、爱出风头的印象，容易引起他人的反感。工作中应尽量对上司亲自委派的工作积极主动，职责之外的事要少插手。

2. 明确自身的工作权限

要对自己的工作职责做到心中有数，每个人的岗位分工不同，承担的职责也不同。女人对自己应当遵守的行为规范、应当履行的工作职责、应当扮演的日常角色都要了如指掌，做到到位而不越位。

3. 分清"分内"和"分外"

俗话说："不在其位，不谋其政。"工作中要分清分内和分外，对于分内的工作要高度重视，分外的事情虽然不能说是"事不关己，高高挂起"，但也要掌握好分寸，予以适度的关注，不要过分参与。

交际思语

有时候我们只是待人热情，主动想为同事提供帮助，但好心容易办坏事，职场中往往是谁的事情谁负责，在同事没有请求帮助的时候，切忌大大咧咧地主动参与进去，甚至直接帮别人做了，这会给别人留下贪功冒进的印象。

提升后如何得到同事的信任和好感

> 伟大的人是绝不会滥用他们的优点的，他们看出他们超过别人的地方，并且意识到这一点，然而绝不会因此就不谦虚。他们的过人之处愈多，他们愈认识他们的不足。
>
> ——［法］卢梭

升职是一件好事，代表着上司对我们工作能力的认可，但职位升迁也意味着我们要承担更多的压力和挑战，良好的人际关系和工作环境是顺利开展工作的保证，所以，如何在升职后调整好自己和同事之间的关系、获得同事的好感就显得尤为重要。

提升后，原本平衡的同事关系忽然被打破，彼此间的关系就会变得非常微妙，羡慕嫉妒者有之，敬而远之者有之，虚与委蛇者有之，这个时候，女人要懂得用真情去赢得同事的信任和好感。

程萌升任了企划部经理一职，她知道，领导做出这个决定是因为她能力强、为人和善，这个职位是她梦寐以求的，她自然非常高兴。可是，没过多久，程萌就发现接踵而来的人际问题让她头疼不已。

张姐是企划部资历最老的人物，程萌升职那天，张姐就板着个脸，一脸不高兴，和张姐关系好的一拨人虽然有一些转向了程萌这边，但还有一些继续和张姐为伍，他们在众人面前对程萌百般挑剔。

周一上班，张姐没来，程萌询问了一下，有个同事说："张姐刚才跟我说了，她家里临时有事，来不了了，让我帮着请个假。"程萌知道，张姐故意不跟她请假而让别的同事代传，这是在蔑视她，但是转念一想，万一张姐真的是有急事呢，这个时候关心她一下岂不是比责问她更能收拢人心？

于是程萌给张姐打了个电话，关切地询问她是不是身体不舒服，有没有需要帮忙的地方，张姐本来就是故意撒谎说有事才没来单位，她没想到程萌这么大度，不好意思再拿出敌对的态度，草草地回答了两句就挂了电话。从那以后，程萌踏踏实实地完成本职工作，对同事关怀备至，和大家保持着良好的沟通。渐渐地，没有人再对程萌怀有敌意，她也在新的职位上彻底稳定了下来。

在日常工作中，女人要有一定的处事技巧，要既能得到上司的信任，又能收获同事的好感，尤其是在提升后，具体来说，女人可以从对待自己和对待他人两个方面着手。

1. 对待自己

提升后的第一件事就是要自信，这里的自信不是指骄傲，而是说女人要用积极的心态来回应提升你的领导和怀疑你的同事，面对大家时要尽量保持眼神接触，放松自己，将积极正面的形象传达出去，稳定住大局。

获取他人信任的最佳方法就是优秀的工作表现，如果外表自信，态度积极，但工作能力差强人意，同样会丧失上司和同事对你的信任。时刻不忘给自己"充电"，多进修，多学习，提升自己的能力，力求各项工作做到完美，这样自然就会提升自己的可信度和竞争力。

2. 对待别人

升职以后，原先要好的同事们转而会暗中留意你的一举一动，考察你的一言一行，所以，女人升职后对待他人首先要做到戒骄戒躁、谦虚低调。只要谦虚待人，不张扬，不装腔作势，慢慢就会度过同事们对你的"考核期"。

此外，女人升职后难免会受到他人的妒忌，对于这个随时可能爆炸的安全隐患，女性朋友最好不要选择正面交锋，避免用语言刺激到对方进而加剧矛盾。可以选择以柔克刚，用真诚和关怀换取别人的信任，比如本节案例中程萌的做法便很好地应用了这一点。

最后，升职后，女人的一言一行代表的不仅是自己，更代表着领导的眼光和公司的形象，并且要为同事做出正确的表率。因而，女人要学会慧眼识人，尽量远离那些对你的工作没有帮助，只想做一天和尚撞一天钟的不思进取之人，多和积极上进或者对你的事业有帮助的人来往，做到近君子，远小人。

交际思语

有的人无论你怎么以诚相待，都暖不化他的心。你和他交心，他觉得你虚伪；你对他迁就，他觉得你软弱可欺，认定上司不该提升你。对于这种人，不妨拿出明确的态度，不要客气，和他们割断情义。

激励员工，追求事半功倍的效果

一个没有受到献身的热情所鼓舞的人，永远不会做出什么伟大的事情来。

——[俄]车尔尼雪夫斯基

莎士比亚曾经说过一句话："女人啊，你的名字叫软弱。"然而，在现代社会，女人早已不是软弱的象征，反而从外在形象到内在才能普遍受到公众更多的关注，职场上的女性领导者早已屡见不鲜。

领导者让员工达到巅峰状态的最佳途径是激励。激励能激发员工的创造精神和参与意识，从而保持工作的高效率和有效性。有心理学专家指出，按时计酬的员工只能发挥出个人能力的10%～30%，而受到充分激励的员工，则可以发挥出个人能力的80%～90%。这说明，在受到充分激励后，同样的人所发挥出的作用相当于受到激励前的3～4倍。

从心理学的角度来说，认可、成就、发展、责任等因素能给人们带来极大的满足感，所以，女性管理者要想提高员工的工作积极性和工作效率，就需要掌握一套行之有效的激励措施，从情感、经济、荣誉、尊重等多方面出发，满足不同追求的员工的心理需求。

1. 找到并实现员工的梦想

梦想是催人奋进的动力，信任是团队合作的重要因素，如果领导者能找出每个员工的梦想，让员工相信你能帮助他实现梦想和愿景的话，那么员工在工作中就会选择全力以赴。

一个优秀的领导者必须具备言行一致的品质。当领导者不断兑现自己所说的话时，就等于在给员工积蓄信任；可如果一味地提出愿景，却没有做到的话，就会透支掉员工对领导者的信任，激励效果也不可能实现。

2．发自肺腑地赞美员工

当员工取得优异的成绩时，领导者不能独自贪功，要及时赞扬员工，心理学家讲过一句话，一个人终其一生一直在寻找，都是在寻找重要感。发自肺腑地赞美一个人会让他感受到自己对于集体的重要性，从而激发出他的荣誉感和积极性。所以，对员工的赞美要真诚、郑重，以最大限度地激励员工。

3．制定合理的奖励机制

要想最大限度地发挥每一个员工的能力，最好制定一套规范化的激励制度，满足各层面员工的需求。比如：树立典范，用榜样的力量激励员工；建立竞争机制，通过竞争激发出员工最大的潜能；发奖金，给员工前进的动力；召开优秀员工的激励会议，和员工积极沟通；等等。

4．让充满活力的员工带动群体

群体内部有相互带动作用，如果团队中有人充满活力、积极向上，那么他的活力往往会影响到周围的人，能带领其他的人效仿他、追随他，从而使团体受到激励，让整个团队充满活力。所以女性领导者要善于观察，找出团体中充满活力的人，让他去激励团体中的其他人。

5．倾听员工意见，共同参与决策

倾听和讲话一样具有说服力。领导应该多多倾听员工的想法，并让员工共同参与工作决策。当领导与员工建立了坦诚交流、双向信息共享的机制时，这种共同参与决策所衍生出的激励效果将会更显著。

心理学家琳达·彼兹曼研究发现，还有两个因素决定着人们的行为动机：一个是习惯，一个是其他人的行为取向。有时候，很多人做出某种举动，并非是受到了激励，而是出自长久以来的习惯，或是因为别的人都这么做。所以，构建积极向上的团体行为，并持之以恒，这才是女性管理者激励员工的最高境界。

🍷 交际思语 🍷

等待被别人激励毕竟是一个被动且有变数的过程，女性管理者要注重发挥员工的自主能动性，将员工从被激励指引到自我激励的道路上来。

【测一测】你与同事们的人际关系怎么样

如果你在荒山野岭迷路了，远远地看到车灯忽明忽暗，似是有车开过来了，这时候你希望这是什么样的交通工具呢？

A. 装木材的大卡车

B. 路过比赛的越野吉普车

C. 当地居民的摩托车

D. 来这边度假的小轿车

测试结果：

选 A

你是个认真工作的人，所以即使平时与同事们的关系还不错，你还是会在工作中指出别人的错误。能做到大公无私、公私分明，而且绝对不会因为跟某个同事关系好就偏私对方，也不会跟某个同事有矛盾就公报私仇。虽然同事们都知道你"人在江湖，身不由己"，但是太严谨的工作作风有可能会让人对你望而却步哦。

选 B

其实你对同事们也没什么要求，不会太冷漠，但也不会太要好。因为同事就是同事，不管怎么说都会存在共同的利益问题，你认为万一有一天要共同竞争的话，只会伤感情伤脑筋。所以你会跟同事们保持距离，自己也做得中规中矩，工作的时候积极配合，下班后各忙各的就好啦。

选 C

你与同事们并没有太多的话题，有工作你就做，没有工作你也不会多说话。你不希望自己陷入办公室政治和办公室丑闻之中，也不太愿意和大家聊其他同事的八卦。如果有同事是没心眼的人，你还是会愿意和他们合作的，因为你最讨厌的就是那些心机重又爱八卦的同事。

选 D

在工作上，你还是希望独立自主，也不能说你不合群，只能说你太有个性。面对职场的潜规则，你通常都嗤之以鼻，有着属于自己的态度和见解。所以工作中你会摒弃那些公器私用的陋习，相反，你懂得用人唯才、把握时机。

第十一章

与异性交往，女人心中要有谱

　　莎士比亚曾说："爱情是盲目的，恋人们都看不见。"当女人陷入热恋或是过于在意一个人时，神经系统控制下的情绪部分就会处于极度兴奋或是低迷的状态。实际上，在爱情面前，只要女人能做到爱恋而不迷恋，自尊而不自傲，专心而不沉迷，坚守住本心，就能成为爱情中有谱的智慧女人。

识破男人的花言巧语

> 一个真有爱情的女人猜疑起来，比寻欢作乐、更换口味还要心思灵巧。
>
> ——［法］巴尔扎克

常言道："男怕入错行，女怕嫁错郎。"对于女人而言，选对另一半往往比选对职业更重要，也更困难。男性的善变和女性自身警觉性的降低都是异性交往中的变数，此外，男人的花言巧语更是女人情感的"麻醉剂"。

曾有机构调查显示，善于花言巧语的男人比木讷寡言的男人变坏的可能性要高出很多倍。尽管女人天性喜欢听别人赞美自己，但男人会花言巧语并非好事，其中往往隐藏着巨大的不安全性。

一个男人在女人面前甜言蜜语，大致可以归为两种原因：一种是发自内心的真情流露，另一种则是为了实现某种目的而采取的欺骗女人的手段。当一个男人在外面做了不利于女人的事情，又尝试用花言巧语换取女人的信任，取得情感上的平衡时，就会形成一种习惯，使女人越来越沉迷其中，而男人越来越肆无忌惮。

所以，对于女性朋友而言，识破男人的花言巧语很重要，这是女人对自己负责也是对感情负责的明智之举。首先，我们要认清男人经常设置花言巧语这一陷阱的几个阶段。

1. 追求阶段

男人在追求女人时，为了吸引女人的注意，打动女人的心，往往会说一系列的甜言蜜语，如"我的眼里只有你，你是我生命里的唯一"。在这个阶段，女性朋友要多用眼睛去看，而非用耳朵去听，应该将重点落在考察他具体的所作所为上。

2. 互动阶段

在获得女性一定程度的认可和好感后，男性往往会选择主动表白，或者欲擒故纵让女人主动表白，以促使双方的关系更进一步。这一阶段男人可能会说"我会一生一世承担起对你的责任"一类的表达爱意的话，在这一阶段，女人要擦亮双眼，不要急于答应对方，而应拉长考察期，慢慢观察后再给出答复。

3. 磨合阶段

成功追求到女性后，很多男性的态度会发生明显的变化。当女人的心理感受到巨大的落差时，男人又会如法炮制，这时，女性由于依赖和信任感，通常会乖乖就范。

赵敏和大志谈恋爱已经两年多了，细心的赵敏发现最近经常联系不上大志，打他电话经常好久都没人接，就算接通了大志也是支支吾吾，很快就挂断了。察觉到猫腻后，赵敏悄悄跟踪大志，发现他居然隔三岔五就去她朋友小媛的店里帮她看店。

被好朋友和男朋友一起欺骗的屈辱感涌上赵敏的心头，但是两年的感情赵敏又做不到说断就断，于是她选择跟大志摊牌。

赵敏约大志一起吃饭，在饭桌上她跟大志挑明了一切，大志看到赵敏这么生气，一边拍着她的肩膀安抚她，一边解释说："小敏，你想多了，我满心里都是你，别的女人我怎么会看得上呢？小媛她不是父母早亡吗，我是看她可怜，想着能搭把手的地方就多帮帮，我知道我们小敏最善良了，肯定能原谅我的，你在我心里就像是天上的九天仙女，又善良又美丽。"

赵敏被大志逗得笑了出来，她甚至觉得是自己太过小心眼了，误会了大志和自己的好朋友。事实上，赵敏掉进了大志甜言蜜语的陷阱中。

综上所述，女性朋友要学会透过男人花言巧语的表象看清他们的本质，识破他们的谎言。美国赫特福德郡大学的心理学家韦斯曼曾说："人们在说谎时会自然地感到不舒服，他们会本能地把自己从他们所说的谎言中剔除出去。"所以，当你发现你的另一半总是下意识地省略"我"字时，你就有怀疑他的理由了。

例如，一个男人没有赶来赴你们的晚宴，你责问他时，如果他说谎，往往会用"车坏了"代替"我的车坏了"来加以解释。

此外，女性朋友还可以通过反复询问的方式识破男人的花言巧语。抓住你疑惑的点先问一个问题，等对方回答，然后隔一段时间后再问第二次，此时男人以为第一次回答已经蒙混过去了，往往会处在一个比较放松的状态，再次回答时他们通常会表达出真实的情绪，如恼羞成怒或直接坦白。

女人在和异性交往时通常受两种心理的支配，一种是无条件地被人接纳，另一种是在他人心中位居首位，当满足这两种心理时，女人往往会在不知不觉中对异性产生依赖心理。所以女人要正确认识自身价值，善于发现自己的优点，不要轻易被男人的花言巧语左右。

交际思语

不想掉进男人用花言巧语编织的陷阱中，女人就要试着多观察。女性朋友最好不要轻易考验一个男人，不是每一份感情都经得住考验，有时候弄巧成拙，反而会让你错过美好的感情。

学会暗示，让对方先表白

> 女人的爱，通常不是靠乞求得来的，而是要靠夺取。
>
> ——［匈］约卡伊·莫尔

心理学家认为，心理暗示是指用含蓄、间接的方式对别人的心理和行为产生影响，是人们日常生活中最常见的心理现象，这一心理现象同样适用于异性交往中。

男人在雄性激素的影响下通常具有强势的攻击力，他们认为要对喜欢的女人展开积极的追求攻势，而主动向男人告白的女人则显得索然无味。在回答对主动告白的女人印象怎么样时，有的男性甚至直接说："比起女生主动表白，想办法让男生先表白的话，能使两个人交往的可能性增大，而且交往后关系也会更稳定。"

聪明的女人了解这一点，面对有好感的异性时，她们往往会暗示对方，让对方注意到自己，并且主动追求自己。在面对内向或者木讷的异性时，她们甚至会采用引导的方式或者刺激对方的方式，往往能轻松掌握感情的主动权。

人们都会受到心理暗示，受暗示性是人的心理特性。心理学家巴甫洛夫认为，暗示是人类最简单、最典型的条件反射。下面我们来具体分析一下女性该如何对异性进行暗示，让对方向自己表白，从而掌握感情中的主动权。

1. 增加身体接触的次数

不同于男性接触女性身体时常有的尴尬，女性接触男性的身体通常更自然，也更显亲近。比如，一起过马路时扯住男性的衣角，一起用餐时若无其事地问男性："我能尝一口你的汤吗？"这些都能传递给异性你对他的好感。

但是女性朋友要注意把握身体接触的尺度，微妙的肢体接触往往能产生良好的效果，但过于粗鲁或过于羞怯的接触容易被男性误解。此外，木讷的男性通常不会很好地运用眼神和肢体交流，面对这样的男性时，女人不妨多一些耐心。

2. 展现自己柔弱的一面

现在女性的独立性很强，在面对有好感的异性时，不妨表现出自己柔弱的一面来，这种只针对他的特殊性会令其产生极大的满足感，进而刺激男性产生主动追求的心理。遇到困难的事情主动向他寻求帮助，生活中主动示弱，交谈时保持语调柔和等都可以引起异性对你的好感。

小晴大学时就喜欢比自己大两届的学长，但是她身材肥胖、性格豪爽，学长一直把她当成哥们看待，为此小晴整个大学时期都非常苦恼。毕业后，她特意到学长所在的单位应聘并且成功入职，和学长成了同事。

小晴的闺蜜语重心长地跟小晴说："男人不喜欢太过主动的女人，所以你一定要诱导学长反过来追求你。"闺蜜给小晴量身定制了多套战略，第一条就是减肥，小晴每天下班后都去健身房锻炼，并且控制饮食，瘦下来后的她成功地让学长眼前一亮。

然后，小晴按照闺蜜所说的，开始对学长展开温柔攻势，工作上有什么不懂的她就用温柔的声调问学长，瓶装水装作拧不开盖向学长求助，一起加班时表示太晚一个人回家害怕，等等。开始学长还惊讶于她的性情大变，但慢慢就适应了，并且还陶醉其中，因为小晴对别的同事都客客气气，唯独对他温柔有加。

一个月后，小晴要去外地出差，她的闺蜜对她说："一个月的时间了，再傻的人也能感觉到你对他的好感了。如果学长真是对你有意思，他应该知道怎么做；如果他没有那个意思，你也就不要再白费力气了。"在闺蜜的劝说下，小晴在外地出差期间一直没有和学长联系。等小晴再回到公司时，学长冲到她的面前，第一句话就是："你怎么不跟我联系，我担心死你了！"

小晴看着学长微笑不语，她知道爱情的花朵已在他心中悄然绽放。

3. 营造气氛

做足了铺垫后，如果一直像普通朋友那样聊天吃饭的话，两个人的关系也不会有实质性的进展。聪明的女人善于营造气氛，推动关系的发展，她们会制造出一种愿意和对方交往的氛围，但是自己却不告白，让对方收到暗示后主动表白。

比如，在满是情侣的餐厅里吃饭，在情侣经常出入的场合相约一起散步，一起看温馨的爱情题材的电影或者电视剧，等等。受到外界环境的暗示，人们常常会联想到自己，这个时候女人再适时地用充满暗示意味的眼神望着对方，表达一下"真好啊""好甜蜜啊""好羡慕啊"之类的情感，相信如果对方对你有好感的话，收到暗示后肯定会主动表白，让你们暧昧的关系变得明朗起来。

🍷 **交际思语** 🍷

对于暧昧期迟迟不表白或者性格木讷内向的男性，女性朋友还可以通过刺激对方让他对你表白。但应注意具体操作时要掌握好分寸，不要弄巧成拙。

取悦对方，但不迷失自己

遇见你我变得很低很低，一直低到尘埃里去，但我的心是欢喜的，并且在那里开出一朵花来。

——张爱玲

美国作家华·欧文说过："女人的一生就是一部爱情的历史。"女人渴望爱情，追逐爱情，也容易在爱情中迷失自己，但是爱情只是女人生活中的一部分。不可否认，爱情有时候的确会让人变得盲目，爱情中的女人会过分关注另一半的好恶，按照他喜欢的样子打扮自己，做他爱吃的菜，并且认为这样就能将爱情维持下去。事实却往往恰恰相反，真正长久的爱情是建立在相互尊重的基础上，而非一味地讨好对方。

英子是一个非常要强的女人，无论是在生活还是在工作中，她都喜欢坚持到底，不愿意轻言放弃。熟悉英子的同事都知道她有一个谈了四年恋爱的男朋友，并且还是异地恋，大家都很佩服英子的毅力。

英子和她的男朋友是在火车上遇见的，两个人是老乡，回乡的路上一见钟情。虽然他们都在离家很远的城市各自打拼着，但他们约定好两年后攒够买房的钱就结婚，所以即便异地恋再辛苦，英子也一直咬牙坚持着。

工作中的英子争强好胜、个性要强，但是一到了男朋友面前就变得温柔如水，在他们恋爱的四年时间里，英子一有时间就往男朋友所在的城市跑，给男朋友洗衣做饭、打扫卫生，活脱脱一个贤惠的田螺姑娘。而且英子对男朋友言听计从，他说是什么就是什么。英子总想着，再坚持两年，等攒够了钱，他们就熬出头了。

然而，英子的同事们却都替她不值，因为她们只见英子往男人所在的城市跑，从来没见男人过来看过英子。英子生病的时候，她男朋友连电话都没一个，就是问起来，对方也总推托说工作忙。英子自己买菜做饭，自己修马桶，自己逛街，活成了大家口中的"女汉子"，渐渐地，她开始为自己在这段感情中所处的位置而感到迷茫。

在一段感情中，女人不要一味地取悦对方，女人只有先学会取悦自己，才能更好地取悦别人。只有让自己变得越来越优秀，才能拥有平等、美好的爱情。当对方要求你做出的改变让你感到不愉快时，女人要学会对另一半说"不"，感情中互相迁就、互相体谅固然是好事，但并不代表要无条件地顺从对方。只要对方提出的要求有违自己的心意，女性朋友就要学会拒绝。

感情不可能永远保持当初激情的状态，想要为感情保鲜，女人要懂得提升自己，在爱情里保持自己的吸引力，使感情更加幸福和稳固。

1. 拥有属于自己的独立空间

保持神秘性是培养新鲜感的一大窍门，虽然恋爱中两个人常常无话不说，但过于透明化会急剧降低感情中的新鲜感。女人不妨将部分精力转移到工作中来，建立和另一半有交集但又不重叠的生活圈。

2. 不要丢弃自己的兴趣

拥有一技之长既能丰富自己的日常生活，又能提升自己的魅力，可谓两全其美，女性朋友如果喜欢画画，可以多去旅游写生；如果喜欢写作，可以在安静的空间创作；如果喜欢摄影，可以多和朋友出去拍照，将更多的时间留给自己而不是留给爱人。

3. 拥有自己的知心好友

拥有自己的知心好友很重要，朋友是人们心灵的庇护所：开心时，朋友可以和你分享喜悦；伤心时，朋友可以带给你安慰和陪伴。所以，女性朋友在空余时间要多和朋友相聚，用积极的生活态度和好人缘告诉另一半，你的生活就是这么丰富多彩。

4. 在金钱、思想上保持独立

恋爱中的女人会变得盲目，不仅在思想上容易对另一半产生依赖，经济上有时也会变得混乱不堪。在任何情况下，女人要保持金钱上的独立和思想上的独立，要有自己的想法，有自己的经济能力，这样才能不受人约束，自由自在地生活，决定自己的人生节奏。

交际思语

内在美是女人长久魅力的体现，是能更长久吸引异性的因素，女人要懂得提高自己的内涵和素质，只有不断提升自己的价值，才不会被社会淘汰，才能跟得上另一半的步伐，和他一起追求更高品质的生活。

聪明的女人不把"分手"挂嘴边

离开一个薄幸的男子，要像离开一只掉了跟的破鞋子一样，因为他使你摔了一跤。

——〔法〕泰纳

　　男人和女人的性格不同，在感情中出现争执时，男人通常会理性地分析问题，寻找解决方法，而女性则更常用感性的视角关注自己的情绪。生活中我们经常会看到这样的场面：恋爱中的男女因为小事争吵不休，"分手吧""我要和你分手"之类的话不知不觉中就会从女人的口中说出。

　　利用彼此深厚的感情基础，在发生争执的时候以分手或离婚的方式逼迫对方妥协，从心理学的角度，人们称之为"情感勒索"。情感勒索的本质是亲密关系中的一方或者双方试图压迫另一方变成关系的主导者。

　　"我说了算""他必须服从我"，通过说"分手"威胁对方从而达到目的的感觉虽然很美妙，但却并不牢固。作为情感勒索者的主要人群，女人要意识到尝到对方妥协带来的甜头后，这样的招式会不断在日后的矛盾中上演，成为女性朋友的撒手锏和口头禅。而对被情感勒索者来说，当他发现这样的勒索永无止境时，要想改变被动的局面，他就只有喊停。

　　小米和男友是通过同事介绍认识的，小米面容姣好、身材曼妙，而且收入也很可观，男朋友对她格外珍惜、呵护备至。恋爱了三个月后，小米因为男朋友忘了他们交往一百天的纪念日和他大吵了一架，冲动之下提出了分手："你连这么重要的日子都能忘了，你心里到底有没有我？分手吧！"

其实话一出口小米就有点忐忑，她认为男友对自己挺好的，而且男友长得又高又帅，她唯恐男友相信自己的话，真的和她分手。可是她心里又很生气，只好端着架子等男友来哄她。果不其然，小米的男朋友既无奈又害怕，又是承认错误，又是保证再也没有下次，小米这才心满意足地原谅了他。

从此之后，小米就开始变得动不动就说分手，约会男朋友迟到说分手，打电话男朋友漏接说分手，吃饭口味不合说分手……刚开始她的男友都会诚惶诚恐地改正，但是慢慢地，小米发现男友没有之前对她那么积极了，再说分手的时候，男友开始变得不耐烦，甚至有一次还躲起来不见小米。在极度伤心、愤怒、委屈中，小米和男友开始了冷战。

虽然后来小米的男友主动找小米承认了错误，小米也原谅了他，但两个人之间像是有了裂缝，怎么也找不回刚开始甜蜜的时光了。最后，当小米无法忍受男友前后的态度转变再次提出分手时，小米的男朋友冷冷地抛出了一句话："我现在这样还不是因为你！你总说分手，谁能受得了？既然你总想分手，那我们就分开吧！"

小米彻底傻眼了，她并不想失去男友，但是不管她再怎么哀求、服软，也没能再挽回男友。

将"分手"或者"离婚"当成口头禅的女人就像是《狼来了》故事中的小男孩。前几次说"分手"的确会收到很好的效果，能突显女人在一段关系中的重要位置，但时间长了，等"狼"真的来了，女人珍视的感情也就破灭了。

据了解，在进行情感勒索时，百分之九十以上的人并没有真正打算和对方分开。动不动就嚷着分手的女人，实际并没有真心想和对方分开，反而是每次都"被分手"的那一位渐渐心灰意冷，最后真正结束了一段感情。

从心理学的角度来看，动辄把分手挂在嘴边的女人看上去十分强势，反而是感情中处于弱势的一方。因为无法真正控制局势，缺乏安全感，女人才会拿分手威胁对方，摆出决绝的姿态吓唬、制衡对方，而不是真的想分手。而从来不说分手的一方才是真正掌握感情控制权的人。

男人和女人在面对"分手"或"离婚"等词时，内心的想法往往是不一样的。女人所谓的"分手"通常只是嘴上说说，而男人却不这么想，他们认为女人说这种话时是经过深思熟虑的。所以女人说多了"分手"会变得越来越顺口，男人却会越来越受伤，最后选择转身而去。

正如人本主义心理学家罗杰斯所说的，"爱就是深深的理解"。实际上，权利和感情是不相干的，相对于情感勒索来说，我们更应该遵循珍惜原则。前者是控制，后者是服从；前者是"你必须听我的"，后者则是"我喜欢现在的你，你做你自己就可以"。

如果一个女人从没有感受过珍惜原则，那么她就很容易在自己的情感关系中大肆应用情感勒索的方法。所以女性朋友们不要总把"分手"挂在嘴边，要知道，感情中的安全感不是勒索来的，而是靠自己的努力营造出来的。

🍷 交际思语 🍷

真正意义上的爱情需要双方站在共同的角度看问题，而不是从自己的角度出发，坚持己见，或者拿分手来要挟对方，经常提分手的女人要反思一下，你是否足够成熟？你是否真的非常爱你的另一半？

老夫老妻也要甜言蜜语

> 为了爱情的继续，婚姻的美满，妻子固要取悦丈夫，丈夫也要取悦妻子，至于如何取悦，乃是一种高级的艺术。
>
> ——柏杨

在一个大型的情感咨询类节目上，有一个男嘉宾向主持人说了下面这样一段话：

"我再也不想这样下去了，我已经尽力了，真的，我不知道是不是自己做得还是不够好，但是我尽了我最大的能力，给了她我能给的全部。结婚这么多年来，我的妻子从来没有夸赞过我，也没有说过对现在的生活是否满意，我不知道她是否幸福。更可笑的是，我现在居然开始怀疑她是否还爱我，因为我已经十几年没有听她对我说过'我爱你'三个字了。"

有人的地方，就会有爱情。爱情是亘古不变的话题。然而，爱情又是永远充满迷惑、没有正解的。

相信很多人都有这种感受，当你真心爱一个人的时候，你会心甘情愿、全心全意地为对方付出，愿意做任何事，只要对方能开心、快乐，对方的笑容便是你最大的幸福。

然而，你无比珍视的这份爱情在经过岁月的洗涤之后，却在一分一分褪去原来的色彩，曾经的美好也变得千疮百孔，而女人，你不得不承认，这样的结果或多或少都有你的一份"功劳"。

美国一位两性心理学专家曾经做过这样一项调查，他和他的同事研究了1500对已婚夫妇，最后得出了令人目瞪口呆的研究结果："性格粗野、唠叨、挑剔是导致夫妻之间出现不合的罪魁祸首。然而，令人意想不到的是，夫妻婚姻出现问题的第二大原因竟然是妻子不知道该如何向丈夫表达自己的爱。"

更甚至，随着时间的推移，女人在悲观和抱怨的路上却是越来越有建树，打击、讽刺、伤害另一半的话张嘴就来："你瞧瞧别人！""真是个窝囊废！""当初跟了你真是瞎了眼！"在这样的负面情绪中，生活只会一步步往糟糕的方向发展。

那么，为什么说在两性问题上女人起着更为重要的作用呢？因为女人是感性动物，对待事物的感知程度也更为敏感，所以就会非常情绪化。在男女双方的"战争"一触即发之际，是春风化雨还是火上浇油，往往就取决于女人的一念之间。

聪明的女人懂得这个道理，她们善于用甜言蜜语和真诚的赞美来化解生活的矛盾，去取悦对方、激励对方。一个男人，当他感受到了别人的期待，又接受了别人的赞美时，他的自尊心、虚荣心和自信心就会被激发出来，哪怕面对的事情再麻烦，哪怕自己的能力不够，为了不让肯定自己的人失望，为了维护自己在他人心中的形象，也会竭尽全力去做好。

李晓宇的老公是摆水果摊的，他总觉得自己的职业不那么光鲜，所以他总是有点抬不起头来。

有一次，李晓宇的朋友来找她玩，一群人聚在一起，李晓宇一边挽着她老公的胳膊，一边一脸灿烂地对她的朋友们说："我的老公跟你们的老公可不一样，你们老公读书都把脑壳读呆掉了。我老公虽然读书没那么多，但是智商却比只会读书的人要高多了。他啊，最近又拉了一个大单。告诉你们，不出三年，我一定会成为一个阔太太的。"

虽然李晓宇的老公确实有股子拼劲，但是智商可不像李晓宇说得那么高，只不过在生意场上比别人更为细心罢了。

可就这样，在李晓宇的鼓励和赞美之下，不到两年，她的老公就成了市里面排名前五的大型水果批发商。李晓宇也真如自己所说，摇身一变成了阔太太。

老夫老妻不一定就是指结婚很多年的男女，经历了"爱情马拉松"的情侣也可以被称为老夫老妻。不管结婚与否，不管你们在一起的时间有多长，如果你爱他就告诉他，告诉他你欣赏他的一切，告诉他哪怕他的缺点也是他的特点，告诉他你爱的就是他，他不必为了你而去改变。将点点滴滴的爱汇集起来，你们必然会拥有幸福的汪洋大海。

有的女人又要说了，男人照顾女人、爱护女人是天经地义的事情，为什么女人要经常说些甜言蜜语哄着男人？不该是他们经常说这些给我们听吗？

对于这一点，芝加哥大学婚姻关系研究博士塔尔·博兰特曾经说："有一些女士做得实在很过分。因为她们把所有的注意力都放在了自己身上，也就是说她们太过于爱自己了。不过很可惜，这一类女士很少愿意把自己的爱分给别人。即使有，也非常少。"

如果女人吝啬于对另一半说甜言蜜语和赞赏的话，而更多地把注意力放在另一半的缺点和错误上，那么她们慢慢就会发现，她们的另一半也会选择以相同的方式对她。当生活中缺失了赞美和爱，美好的爱情也会逐渐走向消亡。

女性朋友不妨大方、体贴地向另一半表达爱意，当你将自己的甜言蜜语源源不断地送到对方心里时，往往也能从对方那里得到更多的关心、体贴和爱。

🍷 交际思语 🍷

有人说，男人最喜欢的礼物只有三件：一顶高帽、倾慕的目光、温柔的安慰。可见，男人真的很需要赞美和安慰这些看起来是女人专属的"甜言蜜语"。所以，女人们，送男人再多再贵的礼物，不如送他赞美和崇拜。

【测一测】从睡觉姿势测试你的异性缘

每个人的睡姿都不一样，有时候我们可以通过一个人的睡姿判断出她的异性缘。想知道你的异性缘怎么样吗？来看看你是用何种姿势睡觉的吧。

A. 脸朝上，双手交握放在腹部

B. 喜欢用手抓住棉被或玩偶

C. 手放在头部或头发附近

D. 喜欢侧睡，双手垂放在大腿附近

测试结果：

选 A

你身边有很多好姐妹、好哥们，可是你的异性缘却并不好，很多人都会为你感到惋惜。不要着急，异性朋友大多是因为你在那群好姐妹、好哥们中太过亮眼了而有压力，不敢"高攀"你，同时也怕自己一不小心就成了众矢之的。所以，不妨收敛一下你在同性朋友中散发的魅力，多吸引异性的注意。

选 B

你在选择异性朋友方面比较慎重，你对异性的警戒心很强，与异性相处时，你追求的往往是柏拉图式的恋情，你认为精神的交流重于一切。其实，交朋友大可不必这么严肃，换个角度看异性，你也可以与他们轻松相处。

选 C

你很在意异性的目光，常常注意自己的穿着打扮、言行举止，希望能引起异性的注意。在没有信心能够抓住对方的情况下，努力改造自己，用积极的方式去面对，这未尝不是一件好事。只是要注意不要太过自卑，没听过有自信的女人最美吗？

选 D

虽然你关注异性，但你的行动力不够强，由于你的温暾慢热，你丧失了不少机会，最终也只能和异性擦肩而过。失败的经验越多，你也会越沮丧，越无法突破这个障碍。既然在意，与其空想，不如马上行动起来，勇敢地向异性走过去！

第十二章

女性交际中的常见规则和雷区

　　"世界上的一切都必须按照一定的规矩秩序各就各位"，人际交往是一门复杂的艺术，女人要想熟练地掌握社交的艺术，就需要多参加各种场合的活动，掌握好人际交往中的常见规则，躲开雷区，在实践中摸索、总结，提高交往的技巧。

遭遇暗算，防守不如反攻

> 如果允许别人进攻自己，那是一个极大的错误。
>
> ——［法］拿破仑

在日益激烈的社会竞争中，难免会遇到"表面照顾你，私下暗算你"的"假面好友"。受传统文化中"以和为贵"思想的影响，加之女性特有的温柔、善良等性格特征，女人往往选择忍气吞声，甚至以德报怨的做法来处理。

《论语·宪问》中说，有人问孔子："以德报怨，何如？"孔子回答："何以报德？以直报怨，以德报德。"可见，孔子是反对"以德报怨"的，如果别人伤害了你，在孔子看来，你就应该"以直抱怨"——用平等的方式来对待他。

如果有人用阴险的方法对你做不利的事情，而你只是一味忍让的话，只会让他人变本加厉地针对你。反之，如果你奋起反抗，看到你坚定的态度和真实的能力后，对方通常就会偃旗息鼓。所以，遭遇暗算，反攻不失为一劳永逸的做法。

马丽在一家对外贸易公司上班，俗话说："林子大了什么鸟都有。"公司里鱼龙混杂，其中就有几个爱搬弄是非、给人下绊子的小人。虽然大部分人甚至包括领导在内都或多或少吃过这些小人的亏，但是苦于同在一个屋檐下，大家抬头不见低头见，而且这些人的业务能力又还说得过去，所以即使大家吃亏了，也都忍气吞声，不想张扬。

但是马丽却是一个例外，她几乎从没有被人暗算过，因为她有一套独有的对付小人的方法。有一次，上司派马丽去外省洽谈一个大项目，明确告诉她可以在公司任意挑选同伴一同前往，马丽想了想，说："那就和张彬一起去吧。"

上司听了大吃一惊，因为张彬在公司里是出了名的狡猾、贪婪、小气，还爱抢风头，很多同事都不待见他，能躲就躲，他搞不懂马丽为何会主动选他一起出差。

察觉到了上司的疑惑，马丽笑着说："这个项目对公司来说非常重要，这是大家有目共睹的。张彬一直对这个项目很眼馋，前期的信息整理和估算也都是他负责的，现在不带他一起去的话，难保他暗中使绊，从中作梗。相比之下，不如带上他，他前期既然参与进来了，对这个项目也算是一大助力，并非一无是处，而且事成了他能分一杯羹，这样能避免他心存不满，无论对我还是对公司，都是有利无害的事。"

上司听了，拍手称赞，他没想到马丽居然以退为进，将张彬牢牢看在自己的眼皮底下，这招实在比一味防着对方强多了。

生活中我们常常会遇到像案例中张彬一样的人，本来大家相安无事，可你在前面做事，他却在后面捣鬼，使你莫名其妙就被"捅"上一刀。对于这种人，要根据不同的情况予以不同的反击，可以直接反击，也可以像案例中的马丽一样避开以硬碰硬的方式，以柔克刚，同样赢得漂亮。

有些女性朋友不愿意直面是非，遇到暗算也不想主动反攻。在这种情况下，女人可以多观察，留意身边那些有可能会暗算你的小人，然后防患于未然，和他们保持距离，这也可以称得上是掌握主动的一种方式。

1. 经常抱怨的人

对生活中不顺心的人或事稍加抱怨是正常的，但当你发现身边的人有大肆抱怨的现象，开口"真讨厌"闭口"真受不了他"，甚至经常抱怨他的好朋友时，你就要离这样的人远一些了，难以保证他不会在长期的负面情绪中采取什么小动作进行发泄，也难保他不在别人面前抱怨你。

2．好胜心强的人

通常来说，竞争是一件好事，但如果你发现身边有人好胜心过强、好争辩、爱与人计较，就要提高警惕。虽然每个人都会有对比的心态，但过于强烈的好胜心会催生出嫉妒、攀比等不良心态，甚至为了突出自己不择手段。难保什么时候你就会成为他对比的目标，所以应提早注意。

3．人际关系有问题的人

俗话说："日久见人心。"当你发现身边有人在人际关系方面不太正常时，也要多加留意。人际关系有问题不代表一个人完全没有朋友，而是指大家对他的印象很差，很少有人和他来往，或者这个人没有长久的朋友关系，等等。

总之，在复杂的人际关系中，面对他人的暗算，主动预防也好，直接反攻也好，以柔克刚也好，女性朋友都要学会保护自己，不要一味防守，失了自己的原则不说，还会被人步步紧逼，落入退无可退的境地。

交际思语

当我们被熟悉的人暗算时，无论生活上还是心理上都会受到严重的伤害，甚至还会破坏你的声誉。女性朋友首先要调整好自己的心态，不要被动反击，不要冲动行事，以防落入他人的陷阱。

可以与人"同流",但不可"合污"

> 对众人一视同仁,对少数人推心置腹,对任何人不要亏负。
>
> ——[英]莎士比亚

陈华刚进去一家公司,被分到了业务部。她发现部门里面女人居多,而且有一个五六个人的小圈子,这个圈子以刘姐为首,圈子里的人关系很好,相互之间配合默契,但和圈子外的人来往很少。上司也知道这个圈子的存在,尽管这种现象在一定程度上会影响公司的政策和业绩,但因为都是老员工,上司也只好选择睁一只眼闭一只眼。

陈华进公司几天后,圈子里的刘姐有事没事就和陈华聊聊天,套近乎,问她爸妈做什么的,还要张罗着给陈华介绍男朋友。陈华知道,刘姐这是要拉自己进圈子,她不禁有些为难:不参与她们的话,以后工作中难免会受到这个圈子的排挤;但是如果进入这个圈子,自己又觉得非常无趣,而且陈华打心底厌恶这种拉帮结派的行为。她开始纠结到底应该怎么办。

人类是群居动物,我们不可避免地要与人交际。如果我们选择固守在自己的世界里,不和别人沟通,不和朋友交流,不与他人分享秘密,慢慢你会发现,你和周围的人的关系会越来越疏远,你的生活和工作中也会出现越来越多的困难,虽然你认为并没有做错什么,但事情却会往糟糕的方向发展。

所以，不管愿不愿意，女人都要学会与周围的人"同流"，因为他们都会对我们的生活和工作产生影响，长此以往，敬而远之并不是解决之道。

但是，"同流"也不是没有原则的，虽然我们的成功离不开与他人的沟通、协调和合作，不可避免地要与人交际，获得助力，但这并不意味着我们要毫无底线地谋求人脉。对于女人而言，在生活和工作中构建属于自己的人脉圈是好事，但要注意坚持自己的底线，可以和人"同流"，但不可"合污"。

人们容易在从众心理的支配下失去自己的原则和底线，我们都有从众心理，受到外界人群行为的影响时，在自己的知觉、判断、认识上表现出符合公众舆论或服从多数人行为方式的心理状态便是从众心理。

有人做过这样一个实验，他走到一个地方，抬头看向天空，坚持了一段时间之后，路过的人也纷纷抬起头，像他一样望向天空，效仿他的行为。渐渐地，虽然大家不知道在看什么，却有越来越多的人加入到望天的大部队中。十几分钟后，这个人低下了头，他发现周围这么多人都在模仿他，便解释了一句："对不起，我刚才流鼻血了。"人们才悻悻地离去。

实验表明，只有很少的人保持了独立性，没有从众，所以从众心理是个体普遍存在的心理现象。女性朋友要树立并坚持底线，当周围的人做出超出你心里底线的行为时，不要盲目从众，要坚守自己的选择。

乐乐是个性情随和的人，她在公司人缘很好，无论对谁，乐乐都一视同仁，能和大家打成一片。有一次，乐乐的上司仗着自己的权利让助理安排他的女友同他一起出国游玩，上司出国是要和外商洽谈，他这样做是要把女友所有的开销都算在公司账上。

助理痛快地答应下来，并且有样学样，把私下自己吃饭、打车、出去玩的费用都开成公司发票，找上司签字报销。渐渐地，大家发现了这个窍门，一传十，十传百，都跟着随大流。大家也跟乐乐说："法不责众，你也跟着一起吧。你看咱们领导都这么干，出了事也有他兜着，怕什么呀？"

乐乐却摆摆手，声称自己平时比较宅，没什么可报销的票据，让大家不用管她。后来，东窗事发，总经理勃然大怒，按规定裁掉了大批员工，而乐乐因为洁身自好，反而在公司一路平步青云。

底线是我们为人处世时不超过道德标准的自我保护，就如同原则一样。在人际交往中，我们会下意识地遵守自己的原则和社会规则，在原则的约束下，我们才逐渐形成了自己的性格，也逐渐有了自己的章法。由此出发，我们才明白了社会交际中哪些事是可以做的，哪些事是应该避免的。

每个人都有自己的底线，也应该坚持自己的底线，一味拉低自己的底线只会乱了自己的章法，也会成为他人眼中缺失个性的人。坚守底线的方式因人而异，聪明女人懂得绕过触及自己底线的问题，巧妙维护自己和他人的颜面，而不是硬碰硬地和别人讲道理、摆事实，不仅费心劳神，还不利于和朋友之间的关系。

在人际交往中，女性朋友既要懂得投身其中，又要懂得适时地抽身而去，这是一种智慧。《老子》中有这样一句话："挫其锐，解其纷，和其光，同其尘。"意思是说有德之人应该抹去自己的锐气，解除自己的不同之处，应该将自己的光芒柔和掉，顺同于尘世之中。有原则的人际交往正在于"同流"而不"合污"。"同流"可全身避祸，不"合污"则可保持屹然自立。

🍷 交际思语 🍷

在职场中，如果身处的小圈子开始结党营私的话，女性朋友就要与她们保持一定的距离，把握好人际交往的尺度。

办事留有余地，凡事不可做绝

遇方便时行方便，得饶人处且饶人。

——［明］吴承恩

所谓"势不可使尽"，我们发现，铺筑的路面每隔一段就要留出余地，以免路面发生膨胀；小区的楼群，每栋之间都要留出一定的距离，以给阳光和绿化留出足够的空间；繁忙的工作每过五天就要休息两天，以给员工修整和放松的时间……凡事留出一定的余地可以防备不时之需，人际关系同样如此。

丘吉尔曾说："没有永远的朋友，也没有永远的敌人。"在复杂多变的社会关系中，万事留下回旋的空间，才不至于走到山穷水尽的地步。八面玲珑并非人人都可以做到，对于周旋于复杂人际关系之中的女人而言，必须掌握的一个重要的规则就是，不要把话说死，不要把事情做绝。

森林中的一只狼偶然间发现山下有个大洞，各种动物都会从这个大洞里通过。狼狡黠地想，自己只要堵住山洞的另一头，然后守在这头，等着动物们主动送上门来就行了。

第一天，狼等来了一只羊，羊发现危险撒腿就跑，狼在后面紧追不舍。但是狼没注意到这个大洞居然还有个分岔口，就在快要捉住羊的时候，被它从一个偏洞逃了出去。狼气急败坏地堵上那个偏洞，心想，这下就可以堵住它们了吧。

第二天，狼等来了一只兔子，狼飞奔上去，结果兔子从一个更小的洞口逃跑了。狼气得火冒三丈，把差不多大的小洞口全给堵上了，心想，这下别说羊、兔子了，就是鸡、鸭也统统都跑不掉了。

第三天，狼等来了一只松鼠，它追得松鼠上蹿下跳。眼看就要得手了，松鼠却爬上了洞顶，从洞顶的一个出口逃跑了。狼气急败坏地堵住了山洞里的所有出口，里里外外检查了一遍，确定没有问题后，狼得意极了。

第四天，狼等来了一只老虎，狼吓坏了，拔腿就跑。它在大洞里跑来跑去，身后老虎穷追不舍。狼左看右看，大洞所有的出口都被自己堵得严严实实的，没有出口，无法逃脱，最终狼被老虎吃掉了。

留有余地可以说是一种美德，不给别人留余地，自己也将没有了出路，最终也是自食恶果。曾有一位哲学家这样说过："要想做好一件事，你最好尽四分之三的力量去做。"如果只凭着一股狠劲儿往前冲，月满则亏，对人对己都没有好处，也未尝不是一种愚钝。

俗话说："做人留一线，日后好相见。"在人际交往中，女性朋友要注意：工作中即便能力超群，也不要处处突显自己，甚至"功高震主"；生活中即使有人侵犯了你的权益，也不要咄咄逼人，甚至拼个你死我活；一段恋情里即使被另一半伤害，也不要打击报复，甚至宣扬他人隐私；等等。

有人曾访问过当时财经界的知名人士，让他们说出对自己影响最大的话，其中，时任时代华纳公司董事长的帕森斯说："不要赶尽杀绝，要留一点退路给别人。"英雄所见略同，蒙牛集团前总裁牛根生也说："不要把你的竞争对手逼到绝路，也不要轻易激怒他……损人一千，自耗八百的蠢事不要干！"可见，凡事留有余地已经成了人际交往的重要原则。

除了不把事做绝之外，女性朋友还要注意避免祸从口出，与人接触，宁愿多说好话，切勿过于冷言冷语。即使自己有理，也应该适可而止，不把别人逼到绝路上。

阿美和男友一起去餐厅吃饭，阿美点了一盘蚂蚁上树。过了一会，菜上来了，阿美拿着筷子左扒扒右挑挑，可是盘子里却只见粉丝不见肉末。阿美脾气本来就暴躁，她叫住经过的服务员说："服务员，你们这道菜叫什么？"

服务员仔细看了看，发现了问题所在，她不好意思地说："蚂蚁上树。"阿美的嗓门猛地一高："啊，你们还知道这是蚂蚁上树啊，哪有光见树不见蚂蚁的？这不是欺骗消费者吗？我告诉你啊，叫你们老板过来，我要投诉你们！"

阿美的男友拉不住阿美，在阿美的指指点点和大声责骂下，服务员小姑娘已经吓得噤若寒蝉，哭了出来："姐，大家都不容易，我也是刚来的，您要是找老板，我可能就要被开除了。"

阿美得理不饶人："你还哭了！别在这装可怜，我看你这样也干不了服务员这工作，把你们老板叫过来。"

阿美的男友皱起了眉头，他马上接过话来，打圆场说："亲爱的，大概是蚂蚁太累了，还没爬到树上来。小姑娘，麻烦你跟后厨的师傅说，让他赶紧给我们换一盘爬得快的蚂蚁，要知道时间就是生命呀，快去吧！"服务员听了，擦擦眼泪，赶紧应声去给阿美换了一盘名副其实的蚂蚁上树。

世界本来就小，我们的交际圈就更小，如果你想处理好自己的人际关系，想成为一个受人欢迎的人，面对复杂的场合和形形色色的人群，就要避免像案例中的阿美那样得理不饶人，而应掌握好说话办事的分寸，切记说话不要过火，遇事不可做绝，以免伤害到他人，为自己以后的交际埋下隐患。

🍷 交际思语 🍷

与人交际，不要口出恶言，更不要说出"誓不两立"之类的话；对人不要过早地评断，不要说"这个人完蛋了""他肯定不会成功"之类的话。

聪明女人不做"老好人"

如果善有原因，它就不再是善。如果善有它的结果，那也不能称为善，善是超于因果联系的东西。

——［俄］列夫·托尔斯泰

生活中经常可以见到这样的人，他们性格温顺，脾气好，脸上永远挂着微笑，他们对每个人都很好，别人找他们帮忙，无论愿意与否，他们都会答应下来，嘴上总是挂着"行啊，都可以""算了，没关系"之类的口头禅，这种人就是典型的"老好人"。

1992年，美国心理学家保罗·科斯塔和杰夫·麦克雷提出，好相处的人具备六大特征——信任他人、坦率、利他、服从、温和、有同情心。不同于不好相处的人在冲突中会积极捍卫自己的立场和利益，"老好人"往往会把建立和保持良好的人际关系作为基本目标，哪怕这个目标会和他们的利益产生冲突。

安妮是一家大型商贸公司的财务，和她一同入职的还有一个女孩婷婷，两个人负责的工作内容差不多。由于事务繁杂，安妮她们经常忙得焦头烂额。

安妮的妈妈在国企上班，她总是给安妮传授"经验"，告诉她在公司要和同事、领导搞好关系，吃亏是福，要全力帮助同事，在公司树立好人缘，等等。安妮非常听话，在公司尽可能地用心和大家相处，帮同事买饮料、带早餐、复印资料等，很快就融入了公司的集体圈子，大家遇见安妮都热情地跟她打招呼。

再看婷婷，和安妮相比，她就显得不那么随和了。她专注于自己的工作，每天按时上下班，坐在电脑前完成自己的工作，学习新的知识，大家见了她也是擦肩而过。安妮看在眼里，乐在心里，她觉得自己总算在公司站住了脚。

过了一段时间，大家都变得熟悉起来，有人开始找安妮帮各种各样的忙，有的让她整理一份文件，有的让她帮忙取个快递，有的让她核对一下数据。安妮每次都是放下自己手头的工作，赶紧帮别人做事，最后别人都下班了，安妮还要留在公司加班，完成自己没做完的工作。

第一季度的业绩考核，安妮和婷婷一样，虽然安妮知道自己为了帮助同事没少加班，没少熬夜，但听到大家对她的夸赞时，她还是在心里乐开了花。第二季度时，安妮慢慢发现了不对，在自己依然忙着给同事打杂时，婷婷已经接了一个大项目，获得了领导的赏识，又是升职又是加薪，安妮好一阵羡慕。

第三季度时，安妮决定把自己财务方面的知识再进修一下。她开始试着拒绝同事交办的事情，然而，没想到的是，她这样做却受到了同事的攻击："你怎么回事啊？这种资料不是一直你来整理的吗？""你不是说让我有需要就找你吗？虚伪！""这点忙都不帮，真没人情味儿！"

看着身边已经升任主管、被大家奉承讨好的婷婷，安妮陷入无尽的懊恼之中。

案例中的安妮就是我们所说的"老好人"，脾气好，好说话，但是反映出来的另一面却是软弱，底线很低。由于受到社会规则的制约和社交模式的指引，人们会积极地寻求他人的赞美和肯定，避免冲突和被排斥，尤其是对能控制我们社会地位、薪水报酬、心理认同等方面的重要人物，我们会积极地取悦他们。

儿童时期我们经常取悦父母，以获得肯定和安全感。随着年龄的增长，一部分人慢慢地演变成取悦心态和取悦习惯，最后不知不觉地成为一个取悦他人、自己却不快乐的取悦者，也就是"老好人"。

从心理学角度来分析，"老好人"帮助别人其实是在满足自己内心的无价值感，希望通过别人的认可来获得成就感和荣誉感，因此，"老好人"的出发点不是在帮别人，而是在心理上帮自己。此外，"老好人"会在内心将自己的所作所为当成向对方索取的砝码，并以此掩盖自己害怕得罪人的恐惧。

虽然这样做确实能避免冲突，收获不错的人缘，但是久而久之，"老好人"的弊端就会显现出来："老好人"的价值被量化，大家都知道她有几斤几两；"老好人"的感受是可以忽略的，她不会生气、计较；"老好人"没有拒绝的权利，即便付出了也不会受到别人的重视；等等。

明白"老好人"形成的原因和弊端后，女人就要学着克服取悦心态，从以下两点入手，拒绝做"老好人"。

1. 不靠取悦解决冲突、扫平障碍

人际交往中，每个人的意见、偏好、风格和兴趣都不同，发生冲突是不可避免的，取悦对方可以暂时压制冲突，却不会解决冲突。把取悦对方当作避免冲突的策略，长期压抑下去，只会引发更强烈的争执，并在体内积累过多的负面情绪，严重伤害自身健康。因而对于冲突要积极面对，寻找解决之道。

"老好人"不想得罪任何人，对谁都说"是"，反而给人软弱可欺的感觉。自身价值更多地需要依靠自己来实现，而非完全建立在他人的评判上，与其靠取悦他人彰显自身价值，不如提升自我能力，坚持自身原则，对超出底线的事情勇敢说"不"。

2. 以自我为本位不等同于自私

"我不应该让别人感到失望或受挫""我决不能向他人表现出负面情绪""我应该永远保持和善"，这些取悦他人的心态都是对人际关系所持有的不正确的认知。很多人认为，如果不把他人视为优先考虑的对象，就会被人认为是个很自私的人；反之，如果自己替他人做了很多事情，就会一直受到别人的喜欢和肯定。

实际上，在人际关系中，总是将别人的需求放在前面，会造成自己生活和心态上的失调，以自我为本位行事，也并非所谓的自私。女人首先要有自己的底线和原则，有自己的个性，才会真正受到他人的肯定和赏识。

交际思语

在复杂的社会中，我们做不到让每个人都喜欢自己，所以不要委屈自己去做一个"老好人"。此外，我们对别人的尊重应该是发自内心的自然表现，而不应掺杂其他复杂的目的和企图。

【测一测】你对陌生人的防范意识有多强

如果有个陌生人向你搭讪，然后就像幽灵般总是出现在你身边，对你献殷勤，这时候你会怎么对待这个人呢？

A. 认为对方肯定另有所图

B. 觉得自己魅力没法挡

C. 平静地与对方交往

D. 马上断绝别人的机会

测试结果：

选 A

你有着很强的警戒心，当有陌生人靠近时，你会下意识地打开自身的防御系统，抱着怀疑的心态审视对方。正因为你有着这样的想法，所以你身边的朋友都很可靠，没有狐朋狗友。而且你的性格沉稳，就算有人心怀不轨，你也能见招拆招，灵活应对。

选 B

你有着强烈的自我意识，会把自己当成世界的中心，脑子里更多的会想着自己的利益。你觉得自己极具魅力，身边不乏追求者。因此，陌生人只要对你有求必应、温言软语，你就会马上陷入别人糖衣炮弹的陷阱之中。这是你明显的弱点。

选 C

你的心灵很纯洁，你不想把人际关系弄得太紧张，对于别人一般没有什么戒心，觉得陌生人靠近你只是想跟你做朋友。因此，你与人交往可以做到毫无压力，一切都用平常心对待。在平易近人的背后，其实你潜意识里潜藏着寂寞孤独的灵魂，有时候，即使有人对你另有所图，也会被你的纯真感动。

选 D

连机会都不给别人，可以说你有点冷血。你害怕受伤，经常觉得没有安全感，宁愿封闭在一个人的世界里自怨自艾，也不愿别人闯进你的心里捣乱。你把全世界都当成敌人，防御心理太过严重，因此也没有什么朋友。

第十三章

女性交际中的心理障碍及排除方法

　　大部分人都有正常的心理功能，但在遭遇重大挫折或长期形成的习惯下，人的心理可能会出现反常现象。由于自身的生理与心理特点，女性的心理冲突较男性更为频繁，在应对外界环境而进行的自我防御过程中，会表现出沮丧、退缩、焦虑等情绪，并且表现出一系列妨碍正常交际的行为，那么女性朋友要怎么去克服呢？本章将会进行讲解。

摆脱紧张、羞涩，远离社交恐惧

要是你一直把弓弦绷得太紧，你的弓很快就会断裂。

——〔古罗马〕费德鲁斯

你不愿意成为别人注意的焦点吗？你害怕在别人眼里显得愚笨或者很可笑吗？你会因为害羞、紧张而不愿意和他人交流吗？如果你出现以上情况的话，就有可能是患上了社交恐惧症。

社交恐惧症主要表现为过分惧怕社交活动，在心理学上被诊断为社交焦虑失协症，有社交恐惧的人通常会在面对陌生人或被别人仔细观察的情境下感到显著且持久的恐惧，害怕自己不当的举动或紧张的言行会引起难堪，症状严重者甚至会对接打电话、参加聚会、商店购物等正常的社会交际感到困难。

据研究资料显示，社交恐惧症以女性更为多见，是男性的1.5～2倍。有研究表明社交恐惧症具有家族遗传倾向，也有研究发现社交恐惧可能与去甲肾上腺素功能失调有关。心理学上则认为社交恐惧症的产生是由于恐惧症状的反复出现引起情绪焦虑，进而导致回避行为的产生。

很多人会自然而然地将社交恐惧和性格内向混为一谈。实际上，性格内向的人表现为不喜欢或者不愿意主动和他人交往，而有社交恐惧症状的人往往是不能也不敢与外人接触；性格内向的人不需要刻意做出改变，只需要找到适合自己的生活方式即可，而有社交恐惧的人则需要克服心理障碍，避免因紧张、恐惧影响正常的社交和生活。

小莹是一家宠物用品店的前台接待，她身材修长，长相甜美，经常被人夸漂亮。但是小莹却有着自己的苦恼，她面对陌生人总是容易紧张，而且非常害羞，不敢与顾客闲聊。即便是必须要说点什么，小莹的表情也会不受控制地变得不自然，会出现脸红、说话结巴、心跳加快、手忙脚乱等现象。为了保住这份工作，小莹一直强撑着，不与顾客眼神对视，能回避的交流就尽量回避等。但是恰恰因为这样，很多顾客跑去跟店长反映情况，说小莹待人不热情，对顾客爱搭不理，时间长了，店长只好辞退了小莹。

小莹的父母对小莹要求很严苛，得知小莹被辞退的消息，两个人轮番上阵批评小莹，责骂她这么大了也干不好工作。小莹把自己锁在房间里，她不仅不敢想象以后找什么样的工作，甚至对未来的生活也感到万分恐惧。

小莹的案例有一定的代表性，很多家庭的父母对子女要求非常严厉，想要把子女塑造成完美的性格，因此会将子女的不足之处放大化，并加以责骂。这种做法看起来是为了家人好，但是完美主义恰恰是社交恐惧的诱因之一，在逐渐培养起来的好胜心和自尊心下，我们无法面对生活中的不完美，就有可能产生社交恐惧。

另外，生活中的重大挫折或不光彩的经历也是社交恐惧的一大诱因。很多人在思想懵懂时期发生的事情或遭遇的挫折，在逐渐成长和成熟的过程中，会被现有的观念否定，从而他们也会对类似事件乃至社会交际产生回避心理。

对于社交恐惧，治疗方式可以分为心理治疗和药物治疗，而自我调节是治疗社交恐惧症的基础，无论是心理还是药物治疗，都需要自我调节来作为治疗的基础。下面是几种自我调节的方法，供大家参考。

1. 克服人际敏感

患有社交恐惧的人会对人群产生恐惧，对人际关系过于敏感。要想消除人际敏感，我们就要充实自己的内心，撤回对他人的防御警戒，尽可能地转移注意力，将注意力转移到自己的兴趣爱好上来。如果你能在他人面前多展示自己擅长的事情，多说自己熟悉的话题，就能在一定程度上消除紧张感和压力，消除人际敏感。

2. 接纳自我

要想保持心理健康，女性朋友就要正确地认识和评价自己。俗话说："当局者迷。"不是每个人都能完全了解自己，所以我们要了解自己的内心想法，认清自己的长处和短处，做出客观的自我评价。没有人是完美的，女性朋友要避免因为自我评价过低而陷入自卑，要学着接纳自我，用"我是独一无二的"这种心态应对社会交际，自然地展现自我。

3. 尝试主动交际

人际交往需要个体适应社会环境，需要个体在社会生活中担任相应的角色，这在一定程度上决定着我们的社会地位和性格心理。女性朋友要鼓励自己主动和他人交往，尝试融入群体，不逃避，不封闭自我，这是保证我们身心健康的基本途径，如果能在积极交际中收获若干良师益友，则更能促进我们的主动交际，并有望形成良性循环。

此外，与人交往时产生的羞怯、紧张等心理有时也源于我们的知识领域过于狭窄，在这种情况下，贫瘠的知识面会阻碍主动交际的达成。这就要求我们平时开阔眼界，增长知识面，增加阅读量，丰富阅历。当你能在社交场合流畅地表达自己的意见时，你会发现，与人交流并没有想象中困难，宽阔的知识面也会让你收获周围人的赞赏，有利于树立自信，克服社交恐惧。

🍷 交际思语 🍷

在过于紧张或感到羞怯时，可以转换一下视线，可以试着深呼吸几下。另外，有研究称人类在遇到危险时会自动停止咀嚼，所以女性朋友不妨在感到紧张时嚼一片口香糖，给自己增加一些安全感。

勇于表现自己，提升抗压力

> 人生的意志，不能受社会的压力而软弱，也不能受自然的压力而萎缩，应当天天站得笔直的、轩昂的，但不是骄傲的。这就是我的人生。
>
> ——彭荆山

某杂志通过调查多个国家的上万名男性和女性，得出了这样的研究结果：女性在社会交际中更容易感受到不安和压力。此外，有调查显示，很多女性在压力下会产生烦躁、紧张和疲惫等情绪，进而会引发头疼、心跳加速等现象，并容易和身边的亲人、朋友发生争吵。在重压之下，调查对象中有43%的女性会失眠，31%的女性会寄情于美食，21%的女性则会通过喝酒释放压力，有的女性还会尝试吞云吐雾，过量抽烟。

在压力面前，女性和男性的差异是明显存在的，抛去女性在社会交际中必须保持的矜持和保守，男性在社会中的主导地位也会对女性施加更多的性别压力。基于生活、家庭、职场等多方面的压力，女性在很多社交场合极易出现生气、焦虑的情绪，并且这种现象非常普遍。

琳娜在公司忙碌了一天，下了班还要去学校接儿子回家，给丈夫、儿子做饭，收拾家务，辅导儿子功课，好不容易哄儿子睡着后，琳娜终于有了属于自己的一点儿时间，她打算给自己敷张面膜，稍微休息一下。

"亲爱的，我明天要开会，你把我那套西装给熨一下吧，还有皮鞋也给擦一下吧，都脏了。"琳娜的老公一边玩手机一边说。

"你自己弄吧，我今天太累了。"琳娜有气无力地回答。

"什么啊，这些我哪会做？儿子的事情你都给收拾得利利索索，一到我的事你就总是推托，这些本来就应该是女人做的事情啊！"

看着老公这么理直气壮，琳娜没有心情也没有力气和他吵。她撕下敷了一半的面膜，拿出衣橱里的西装，一边熨衣服一边生气，她觉得无比委屈，因为无法排解，焦躁之下琳娜发了一条朋友圈，她写道："烦死了，一天天没完没了地让人干活，当人是牲口吗？也不看看自己都做了些什么！"

第二天琳娜上班路上掏出手机，发现昨天自己在朋友圈的吐槽居然被老板误会了，老板以为她是对自己不满，于是留言说："如果这份工作让你感到这么痛苦，那不做也罢！"

虽然琳娜赶紧做出了解释，但过了几天，公司还是以人事变动为由将琳娜辞退了。

就如案例中表现的这样，在快节奏的社会生活和多方面的压力下，抗压力差的人很容易形成心理困扰，出现焦躁、烦闷的情绪，甚至会有逃避、抗拒等行为。逃避无法解决的问题会加重女性的负面情绪，从而导致遭遇更多压力的恶性循环。

增强抗压力可以维护我们的心理健康，适当的压力可以增强女性的心理承受能力，锻炼人的意志，所以，女性朋友必须正确面对社会交际中的压力，提升抗压力。

1. 保持充沛的活力

我们的压力很大程度上源自生活或职场中过大的工作量，在疲劳时人们会产生不快、紧张或忧虑等情绪，这时女性朋友可以采取"心理暗示"的方法，尝试着假装对工作充满激情和活力，微笑着面对每个人，面对自己的内心，及时给自己加油打气。久而久之，不仅能树立积极乐观的心态，还能提升我们的抗压能力。

2. 及时地倾诉、宣泄

弗洛伊德指出：每个人都有一个本能的侵犯能量储存器，在储存器里，侵犯能量的总量是固定的，它总是要通过某种方式表现出来，从而使个人内部的侵犯性驱力减弱。这就需要人们及时把不良情绪释放出来，倾诉和宣泄不仅可以有效地释放侵犯能量，还能缓解压力，达到心灵交流的目的。

面对各方面的压力，我们可以将心里的痛苦转化为语言向他人倾诉，也可以通过哭泣、喊叫、写日记等方式宣泄出来。面对压力，哭泣并非软弱的表现，哭泣是人类纯粹情感的爆发，它有助于释放人们体内积聚的神经能量，排出体内毒素，调整机体平衡，从而达到修复心灵的效果。

3. 放下不必要的矛盾

很多事情并不会按照我们的意志而转移，所以女性朋友大可不必斤斤计较、愤愤不平。在不平等的待遇或过度的压力面前，不妨换个角度看待问题，用"难得糊涂"的心态放弃对细节和原则的纠缠。好的情绪和心情不但会减少自己的烦恼，也会给周围的人带来安全感和幸福感。

交际思语

阅读也是减压的好方法，可以选读内容轻快、浪漫、搞笑的书籍，让自己放松。当然，如果对心理学感兴趣的话，可以多阅读相关内容的书籍。总之，保持积极健康的心态是提升抗压力的不二法门。

情绪感染是如何发生的

> 一个人如果能够控制自己的激情、欲望和恐惧，那他就胜过国王。
>
> ——［英］约翰·米尔顿

人们发现，婴儿在看到他人悲伤时通常也会哭。人们在研究猴子时也发现了这种无意识的模仿现象。越来越多的研究证明，个体具有模仿或同步他人的手势动作、面部表情、声音等方面的倾向，当然，同样也会"复制"情绪。

情绪的"复制"包括模仿与反馈两个过程。首先，我们会察觉到他人表现出来的情绪信息并下意识地模仿，实现两者同步性的情绪镜像互动。人类模仿他人行为的倾向是与生俱来的，当我们在同口吃的人说话时，通过专业检测可以得知，我们自身的嘴唇皮肤电会增大，我们在观看摔跤节目的慢动作镜头时，手臂的皮肤电也会增大。

这种由他人情绪引起的，并与他人情绪相匹配的情绪体验，我们称之为情绪感染，情绪感染实际上是情绪传递的过程。美国心理学家曾做过这样一个调查，女性如果患有产后抑郁症，她的丈夫也有可能受到感染，因为人的表情、语言、动作会在不知不觉中感染身边的人，这就是心理学上的情绪效应。

情绪感染也可称为"情绪链"，国外有针对这一现象做出巧妙解读的一个连环画。

有个小男孩儿心情不好，他在路边遇到一条小狗，便狠狠地踢了过去，吓得小狗狼狈逃窜；小狗无端受了惊吓，见到一个西装革履的老板便汪汪狂吠；心情不好的老板在公司里逮住他的女秘书大发雷霆；女秘书回家后把怨气一股脑地撒给了丈夫。

第二天，这位身为教师的丈夫如法炮制，对自己一个不长进的学生一顿臭批；于是挨了训的学生，也就是故事最开始的那个小男孩儿就怀着非常糟糕的心情回家了，在回家的路上他又碰到了那只小狗，于是他二话不说，又是一脚踹向了那只狗……

人们常说女人是感性动物，这表现在女人更容易受他人影响，难以坚持自己的意念。面对重大事情，女人更容易惊慌失措，也更容易受到情绪感染。受孩子情绪影响，受朋友情绪影响，受同事情绪影响……女人容易接受他人传递过来的情绪，在不能及时排解的情况下，就有可能形成上述"情绪链"表述的现象，对家庭、工作、他人造成连带影响。

所以，在了解情绪感染的诱因后，女性朋友要智慧地应对身边随时可能困扰自己的情绪源，学会趋利避害。日常交际中要经常和快乐的人来往，尽量避开负能量爆棚的人，同时，如果你感到非常快乐，也要更多地将喜悦传递给身边的人。

有研究者发现，如果一个人感到非常高兴时，她的快乐情绪能够感染到朋友、邻居、同事等，甚至有5.6%的可能性将快乐传染给朋友的朋友的朋友。

与快乐相对应的悲伤、难过等负面情绪则具有更为强烈的传染性。从生物进化的角度而言，人类情绪中的负面情绪和生存之间的关系更为密切，所以更容易激发他人或战或逃的本能，感染力速度之快甚至超过一眨眼的工夫，当事人可能还未察觉就已经被负面情绪侵袭了。

那么，当不小心遭遇情绪感染时，我们应该怎么办呢？在感受到被他人的负面情绪感染时，女性朋友应该首先保持清醒的头脑，远离感染源或是从特定的场所抽身而出。及时地切断后续负面情绪的感染路线，能让我们及早解脱出来。

如果已经被负面情绪感染了，女性朋友不妨建立另外的兴趣点，尝试着转移注意力，如看电视、听听歌、洗个澡等，想一些让自己开心的事情，而非专注于情绪本身。另外，和身边快乐的朋友增加交流，接受积极情绪的感染，也有利于消解身上的负面情绪。

对于现代女性来说，遇事沉着冷静是有内涵、有深度的表现。面对同样一件事情，在他人一筹莫展、焦躁不安时，如果你能不受他人情绪的感染，保持自身的镇静和稳重，"泰山崩于前而色不变"，自然会给人踏实可信的感觉。

🍷 交际思语 🍷

人在心情愉悦时会分泌更多的人体咖啡——内啡肽，它能使我们精神愉快、健康长寿。所以不管周围的人如何低迷、焦躁，女性朋友也要保持愉悦的心情，将快乐传染给他人。

远离嫉妒和炫耀，做内心强大的女人

每个埋头沉入自己事业的人，是没有工夫去嫉妒别人的。

——［英］培根

　　嫉妒源于人和人之间的竞争关系，其根本原因在于人的占有欲没有得到满足。当面对"人有我无，人好我差"的情况时，人在潜意识里会希望将属于别人的东西占为己有，即便无法占据别人的东西，为了减轻内心的受挫感，怀有嫉妒心理的人也要施加破坏，尽可能地将其他人拉回到和自己一样的起跑线上。

　　虽然人们常说嫉妒是女人的天性，但是据研究发现，男性和女性身上都具备嫉妒这一心理现象，而且嫉妒的强度和频率也没有明显的差异，最大的不同在于女性会更多地将嫉妒表现出来。

　　嫉妒属于消极的心理，会引发掣肘、造谣、孤立他人等行为，我们身边总有一些女性因为嫉妒而贬低他人、抬高自己。当身边有人家境比自己好时，她们一口叫别人一个"土豪"，浑身透着酸气；当别人买了一个名牌包包时，她们会打击别人说包包已经过季，看着太老气；当朋友找了一个好对象时，她们又要求自己的另一半做得更好，闹得鸡飞狗跳……嫉妒心重的人永远见不得别人比她过得好。

　　社会心理学家卡特琳娜·安托尼认为："人在一生中经历一次或者几次

嫉妒引起的冲突是很正常的。如果深陷嫉妒的泥潭，始终无法自拔就该警惕了。"

面对嫉妒心，女性朋友可以试着将占有欲转化为发展欲，也就是说，在面对想要得到但属于别人的东西时，要想着依靠自己的努力获得，将别人的"好"当成对自己的鞭策和激励，而不是通过贬低他人的方法来抬高自己。

阿娟是家里的长女，父母都是地地道道的农村人，她还有一个弟弟。受重男轻女思想的影响，阿娟的父母对弟弟千依百顺，虽然家里的收入微薄，父母也总是给弟弟足够的零花钱，给他买各种各样的零食，并托人把弟弟送去了市里的实验中学读书。

阿娟内心对弟弟非常嫉妒，因为在弟弟享受父母给予的关爱时，她却只能上普通的中学，不但没有零花钱，回家还要扫地、做饭。为此，阿娟一度陷入嫉妒的泥潭，她跑去和父母哭闹，撕烂了弟弟的课本，却因此受到了父母的责骂。很快阿娟就意识到一味嫉妒于事无补，与其停步不前，不如将嫉妒化成动力，她相信，父母给弟弟的，自己靠努力一样能获得。

清醒后，阿娟认真学习，孝顺父母，疼爱弟弟，不但充实了自己的内心，还取得了长足的进步，她顺利考上了市里的重点高中，后来又考上了名牌大学。而弟弟却在父母的宠溺下荒废了学业，高中毕业后就辍学回家了。

阿娟的父母爱子心切，他们拿出了所有的积蓄给阿娟的弟弟买房、买车、娶媳妇。阿娟得知后也没有被嫉妒蒙蔽住双眼，她利用大学的寒暑假主动寻找实习机会，努力学习，毕业后很快在城市扎根落户，买了房买了车，并且还不时地给家里寄钱贴补家用。街坊邻居都夸阿娟是个懂事能干的好孩子。

生活中，我们不可能时刻做到完美，面对比自己"好"的人，我们要摆正自己的心态，不让自己的心情因为别人的"好"而受到影响；也可以将嫉妒转化为羡慕，鞭策自己朝着目标努力前进，控制住自己烦忧的情绪。

嫉妒与炫耀是一对孪生兄弟，如果说嫉妒是被比自己强大的人破坏了所谓的优越感而产生的心理，那么炫耀则是内心渴望被发现、被羡慕，想找回优越感的表现，炫耀在某种程度上是嫉妒心理造成的逆反心理。

嫉妒和炫耀都是一种追求虚荣的性格缺陷，通常情况下，我们嫉妒他人的方面和炫耀的东西往往就是我们缺失的东西。女性朋友要知道，嫉妒他人，排挤他人，或在阅历深、见识广的人面前炫耀自己，不但不能填补自己缺失的东西，反而会拉低我们在他人心中的形象，阻碍人际交往的正常发展。

所以，女人要强化自己的内心，正确认识自己，抛弃所谓的优越感。在人际交往中，没有永远的主次之分，女性朋友要遵循平等原则，不把自己看成唯一的主角，也不把他人视为自己的陪衬。

此外，在面对交际圈中他人的嫉妒和炫耀时，注意不要受他人情绪的感染。别人嫉妒你，说明你在某方面已经有突出表现了，要学会以感谢和分享的心态面对他人的嫉妒。当有人在你面前大肆炫耀时，你不妨认真倾听，抓住对方炫耀的重点适时地给予称赞，往往会收到意想不到的效果。

🍷 交际思语 🍷

内心强大的女人会隐藏起自己的锋芒，谦虚低调，并且把别人的优秀化作鞭策自己的力量。

心理暗示，自信的女人最有魅力

有自信心的人，可以化渺小为伟大，化平庸为神奇。

——［英］萧伯纳

爱默生曾说过："一个人就是他整天所想的那些。"也就是说，所思即所得，你每天在想什么，你就是怎样的一个人。

受性别因素的影响，女人更在意自己的外貌、体形、身高等外在形象，而且女性的感知能力更为敏感，生活中他人不经意的一句话或外形上的某些缺陷都容易让女人觉得自己低人一等，从而产生自卑心理。

自卑感重的女性往往不能理智地认识自己，经常拿自身的短处去和他人的长处进行比较，从而陷入消极的恶性循环，影响自身的正常生活和社交。久而久之，自卑心理会激发出她们消极的心理暗示，限制她们正常展示自己的能力，使自卑感更加根深蒂固。要想从自卑的消极情绪中走出来，变得自信，女性朋友就要学会进行积极的心理暗示。

心理暗示是人们在日常生活中常有的一种心理现象，当他人、环境或我们自身发出某种信息时，我们会不经意地接受，并且会做出相应的反应。

生活中积极主动的人会习惯性地对自己进行积极的心理暗示，而自卑或被动型的人则经常进行消极的自我暗示。自我暗示的力量是强大的，甚至于每个人的命运都取决于自身的心理状态：如果我们脑子里想的都是快乐，那我们通常会感到快乐；如果我们想的都是悲伤，我们就会更多地流露出悲伤的情绪；如果我们想的都是成功，我们很可能会距离成功越来越近，如果我们想的全是失败，那么跌倒的可能性就会更大。

从心理学角度来看，皮格马利翁效应也证实了心理暗示的力量。1960年，罗森塔尔博士曾在加州一所学校做过一个著名的实验。

在新学期开始时，校长随机挑选了两位教师并对他们说："根据过去三四年来的教学表现，你们是本校最好的教师。为了奖励你们，今年学校特地挑选了一批最聪明的学生给你们教。记住，这些学生的智商比同龄的孩子都要高。"校长又再三叮咛："要像平常一样教他们，不要让孩子或家长知道他们是被特意挑选出来的。"

然后，校长又随机挑选了两个班的学生，并对学生们说："为了更好地提高同学们的学习成绩，学校特意派了两位最好的老师给你们，记住这两位老师是全校最有实力的老师，你们在新老师的带领下，一定会成为全校最好的学生！"

一年之后，这两个班级的学生成绩果然比其他班级的学生成绩要好。

最后，校长非常不好意思地告诉这两位教师："你们所教的这些学生只是随机抽取的两个班级的学生。"这两位教师完全没想到事情是这样的，只得庆幸是自己教得好。但是随后校长又告诉他们另外一个真相："你们两个也不是本校最好的教师，而是从教师中随机抽选出来的。"

通过实验我们可知，他人尤其是自己钦佩、喜欢、信任的人的心理暗示会对我们起到非常重要的作用，能使我们变得自尊、自信，获得积极向上的动力。但是我们无法总是期待收到他人积极的心理暗示，所以女性朋友要学会进行积极的自我暗示。

1. 适当地进行自我鼓励

"我能行""我没问题""我完全可以胜任"，多用积极的话语代替内心消极的想法，能让我们在遇到困难或挫折时感受到自己无穷的力量。所以自我激励非常重要，用简短、精练、有力量的语句配合上深呼吸，可以有效抵抗习惯性的自卑心态和消极心理，有助于我们树立自信和积极向上的意识。

2. 要学会遗忘过去

有的人在经历重大的失败或挫折后，会在内心留下难以磨灭的阴影，当再次经历困难时，就会反复强调"上次我表现得多么失败""这种问题我解决不了"，越是进行消极的心理暗示，自己担心的事情反而越容易发生。

所以，聪明女人应该避免总是提及或回忆失败的经历，要学会遗忘过去，总结以往失败的原因后对自己进行积极的心理暗示，如"上次的失败我知道问题出在哪儿了，这一次我一定可以做得更好"。

3. 尝试合理的想象

想象自己成功时的样子，想象成功后获得的认可和赞赏，想象自己面对困难有条不紊的情形……合理的想象会在我们脑海中留下积极的记忆痕迹，能激发我们产生良好的心理预期，从而使我们获得前进的动力和信心。在情况真的发生时，我们大脑中经常想象的内容就会被激活，指引我们朝着心理预期中的好的方向去发展。

4. 撕下身上的"标签"

常言道："江山易改，本性难移。"每个人都有属于自己的性格特点，有的人说"我就是这样，性格内向，没办法处理好身边的人际关系"，也有人说"我又笨又懒，每次都是失败，没有什么事情能做得好"。其实这些被我们自己贴上去的"标签"往往会形成消极的心理暗示，长期下去，不但会阻碍我们获得成功，还会带给他人自卑、不求上进的印象。

在遇到问题时，我们不妨撕下身上的"标签"，尝试给自己换上积极的"标签"，感受自己的进步，也可以回想自己曾经成功的经历，多做一些对比，从而重新拥有自信。

人的内心就像一片肥沃的土壤，你播种什么，就会收获什么。与其在上面播撒消极的种子，收获野草丛生、一片荒芜的人生，不如多对自己进行积极的心理暗示，多给自己一些激励和信心，这样女人收获的将是成功和充满魅力的明天。

交际思语

　　自信的女人为人处事从容大度，不会轻易陷入世俗的旋涡；自信的女人聪明灵慧，善解人意，人们总爱围在她们身边。古龙曾经说过："自信是女人最好的装饰品，一个没有信心、没有希望的女人，就算她长得不难看，也绝不会有那令人心动的吸引力。"

【测一测】面对压力你是如何排解的

新闻报道，本世纪最壮观的流星雨即将来临，得知这个消息后，你会选择在哪里观看这场流星雨呢？

A. 海边

B. 山顶

C. 草地

D. 屋顶

测试结果：

选 A

当生活中出现失败或者挫折的时候，爱人能带给你最大的支持，爱情能够慰藉你不堪重负的心。所以，面对生活中各种各样的压力，你不妨找一个真心相爱的人，和爱人分享生活中的点滴。

选 B

你天性乐观，明白成功不是随随便便就能获得的，对你来说，当面对众多压力的时候，拥有一群能够倾吐苦水的朋友是最重要的。在朋友面前，你可以畅所欲言，朋友就是你最好的安慰剂。

选 C

面对压力和焦虑，你喜欢通过幻想来排解，但这种排解只能顶一时之用，要想正确地疏导内心的压力，你还需要自我成长，锻炼自己应对挫折的能力。

选 D

当你面对压力时，你喜欢用工作把自己的生活塞得满满的，让自己无暇分心多想，这样的你容易出现心理问题和人际问题。所以，在压力面前，不妨尝试着扩大社交圈，把自己融入群体之中。

后记

在我们的生活和工作中，能够有效地与他人进行交际是至关重要的。随着社会的发展，我们所面临的人际关系变得比以往任何时候都更加复杂。我们发现，在现实生活中，越来越多的女性通过交际迅速收获了成功，也有很多女性品尝到了寂寞和孤独的滋味。

女性作为社会关系的重要组成部分，要想在生活中处处顺心，在工作上节节高升，良好的人际关系是必不可少的资本。人们说"言为心声，行为心表"，要想处理好人际关系，就离不开对人的心理的体察。

我在写本书时，曾参考众多女性朋友的意见，大多数人表示自己对交际心理已经很了解了，足以帮助她们在日常交际中发挥有效的作用。但是，这种认识大多是不系统的，甚至带有盲目性。交际心理学的重要作用在于，它能帮助我们重新认识身边习以为常的事情，即我们和他人彼此相处的方式。

在谈到心理学的意义时，华中师范大学心理学系主任刘华山教授开门见山地说："有人的地方就有心理。"面对一些问题，如："为什么我积极工作，反而受到同事的排挤？""该怎样打破我和陌生人之间的尴尬？""为什么我对爱人百依百顺，最后却遭遇分手？"在这些问题的背后，隐藏着的其实是人内心的有规律的心理活动，而本书中关于交际心理方面的知识就旨在为大家剥离出这些规律。

我认为，女性的心理状况更值得引起人们的关注，这不仅因为女性在社会关系中占据着重要的位置，更是因为工作、交友、婚姻等方面的压力对女性有着强大的影响力，失败的人际关系甚至会引发女性失眠、忧郁、焦虑等心理问题，最后诱发心理疾病。

所以，帮助女性科学地理解心理现象，正确地认识人际交往背后的心理活动是必要的，这能够帮助女性提升认识自我、了解他人的能力，丰富自身的思想观点，提升自身的人际交往能力，积累人脉，成为在朋友圈、职场或其他社交场合中光芒四射、耀眼夺目的明星！